LA

RÉVOLUTION FRANÇAISE

RÉSUMÉ HISTORIQUE

PAR

H. CARNOT

PREMIÈRE PARTIE

1789-1792

PÉRIODE DE CRÉATION

PARIS

IMPRIMERIE DE DUBUISSON ET Ce

Rue Coq-Héron, 5.

1867

INTRODUCTION

La Révolution française, préparée dès longtemps par le progrès des esprits, a reçu sa formule de notre première assemblée nationale. La Constituante a proclamé, dans sa fameuse *déclaration des droits*, les principes sur lesquels repose notre Etat politique ; elle en a commencé le développement dans ses beaux travaux législatifs. C'est donc avec justice que l'on date ces principes de l'année de leur éclosion, 1789. La seconde assemblée nationale, connue sous le nom de Législative, obligée de guerroyer incessamment avec la royauté, et, tout entière à ce duel politique, a dû laisser moins de créations pour l'avenir.

Jusqu'au 22 septembre 1792, notre pays s'est appelé une *monarchie;* à dater de ce jour, où la Convention se réunit, il prend le titre de *république*. Ce ne sont pas seulement les noms qui changent alors, l'action change aussi. Le passé engage une lutte désespérée contre l'avenir qui l'envahit. L'Europe du moyen âge se rue sur la France pour arrêter son progrès. En France, les vieux intérêts s'insurgent contre les intérêts nouveaux. Au dehors, au dedans, la révolution est contrainte de se faire soldat; elle rassemble ses forces; elle les exalte au prix des convulsions les plus douloureuses; elle les organise sous une discipline de fer et triomphe partout. Puis, dès qu'il lui est possible de reprendre haleine, elle s'empresse de désarmer et de suspendre la dictature, pour se donner une constitution régulière; mais, troublée encore par tant d'ébranlements, elle n'y réussit qu'à demi sous le Directoire. Le Consulat tend au même but par une plus grande concentration du pouvoir; le Consulat est une autre dictature, une dictature républicaine cependant, jusqu'au jour où la fatigue du peuple, qui n'a pas eu le temps de s'attacher par l'éducation à ses institutions nouvelles, permet à un ambitieux de tout confisquer au profit de son autorité.

Sous le Consulat, le principe égalitaire domine encore. Mais quand le pouvoir, d'électif qu'il était, devient héréditaire, ce principe est frappé de paralysie en ce qui touche la plus haute magistrature de l'État. Le privilége de la naissance est donc virtuellement rétabli, le droit divin prime désormais la souveraineté du peuple.

Notre tâche finit là.

Ce n'est pas que le développement des idées de 89 soit arrêté : il se poursuivra, tantôt rapide, tantôt lent, quelquefois imperceptible, au travers des différentes formes gouvernementales que subira la France; ces idées se feront servir souvent par leurs adversaires eux-mêmes.

A chaque travailleur son œuvre : la Constituante déblaye le sol pour y fonder les principes de démocratie et de liberté; elle accomplit la révolution. La Convention, qui a reçu ce précieux dépôt, le défend avec une héroïque fureur. L'une a créé, pour ainsi dire, la France nouvelle, l'autre l'a conservée. Il nous est donc permis de désigner les deux grandes phases de notre histoire révolutionnaire par ces mots : période de création, période de conservation.

Ce sont bien les mêmes idées qui animent les hommes, c'est bien le même drapeau qu'ils se passent de main en main; l'histoire ne les séparera pas. Et déjà notre instinct national, devançant le jugement de l'histoire, oublie peu à peu leurs dissensions funestes pour reconnaître l'unité de tendance qui domine tout dans la Révolution.

Qu'on veuille bien nous pardonner de nous citer nous-même, puisque nous avons déjà développé ailleurs cette pensée :

« Interrogez l'esprit populaire : vous verrez que la lutte des partis, qui presque seule a fixé l'attention de nos historiens dramatistes, n'est pas ce qui l'a frappé le plus, lui. Etranger à cette mêlée des passions et des ambitions personnelles, la Révolution lui apparaît dans ses faits généraux : l'affranchissement du travail, l'abolition des privilèges, la division de la propriété, la défense du sol national ; sous tous ces mots une seule chose : la liberté.

» Quand nous nous plaçons avec lui à ce noble point de vue, les révolutionnaires de toutes les dates semblent réconciliés : constitutionnels, girondins, montagnards. Au lieu d'épouser leurs vieilles disputes, nous aimons à étudier leur œuvre collective, dont le caractère est si profondément marqué, qu'en dépit de toutes les réactions jalouses de le dénaturer, les Français sont restés, à travers l'Empire et la Restauration, le peuple le plus démocratique de l'Europe. Alors les architectes successifs de ce grand édifice, ces hommes que les circonstances ont faits ennemis, forment à nos yeux un cortége unique : ils nous apparaissent comme ces personnages des bas-reliefs antiques, marchant à la suite les uns des autres, la face tournée du même côté.

» La Constituante, la Législative, la Convention, autant d'étapes, autant de relais disposés sur la route du progrès. Mirabeau et Sieyès, Condorcet, Brissot, Robespierre, autant de conducteurs plus ou moins habiles, plus ou moins dangereux. Chacun d'eux fait faire au char quelques tours de roue; il en est qui tombent et que la roue écrase. Le char avance à travers mille obstacles; il renverse ici celui qui a voulu l'arrêter, là celui qui l'avait bien dirigé la veille, mais qui le dirige mal aujourd'hui ; il avance toujours.

» Retournez-vous pour mesurer le chemin parcouru : comparez la France de l'ancien régime à la France sortant des bras de la Révolution, ses lois, ses mœurs; versez des larmes sur les victimes d'une aveugle résistance; glorifiez les martyrs du progrès; vouez une part de reconnaissance à tous les hommes qui ont coopéré, ne fût-ce qu'un jour, à ce grand travail, vous qui jouissez de ses fruits. »

(*Mémoires sur Carnot, par son fils. Tome Ier.*)

LA
RÉVOLUTION FRANÇAISE

CHAPITRE PREMIER

LA FRANCE AVANT 1789 ET LES PROPHÉTIES DE LA RÉVOLUTION.

Le règne de Louis XIV, après avoir jeté sur la France des splendeurs chèrement payées, s'était terminé tristement au milieu de revers militaires et d'humiliations diplomatiques. Il avait laissé la nation dépeuplée, fatiguée, appauvrie, le crédit privé perdu comme le crédit public, les terres en friche, les maisons en ruines, une population agitée par les émeutes de la faim. Le roi lui-même, aussi malheureux dans sa famille que dans son gouvernement, avait vu la mort faucher autour de lui trois générations en moins d'un an ; et le sceptre qu'il venait de faire peser si longtemps sur le peuple français tomba entre des mains qui eussent mieux tenu un jouet, celles d'un enfant de cinq ans.

Il fallut un tuteur à cette minorité : ce fut Philippe duc d'Orléans. La régence ! Ce mot a passé dans notre langue avec une signification honteuse. La régence acheva de dépouiller le pays en cherchant à rétablir la fortune publique par des expédients financiers et des manœuvres d'agiotage. La diplomatie devint une intrigue, et la galanterie majestueuse de Louis XIV fit place à un libertinage effronté : « Pauvre royaume ! par qui es-tu gouverné? » s'écria le régent lui-même, un jour qu'il n'était pas ivre.

Louis XV atteint sa majorité, et avec lui la monarchie descend encore d'un degré. « C'est la régence moins l'esprit, » dit un historien. Les courtisanes règnent ; elles font la guerre et la paix ; elles distribuent les emplois et les grâces ; leurs magistrats déshonorent la robe, leurs généraux se font battre, leurs financiers se gorgent d'or aux frais de l'Etat banqueroutier et du peuple ruiné.

Cette décadence de la monarchie n'était qu'un symptôme de la décadence d'une société tout entière, au milieu de laquelle se formait déjà celle qui devait la remplacer. Aux privilèges de la naissance et à la foi aveugle allaient succéder la liberté d'examen et les droits de la valeur personnelle. Les progrès accomplis par l'esprit humain depuis plusieurs siècles avaient préparé cet avénement; il était proche, chacun le pressentait, et beaucoup de voix s'élevaient pour le signaler d'avance.

Les grands événements qui doivent renouveler la société sont toujours l'objet de semblables prédictions, dans lesquelles on aime à chercher du merveilleux. Rien de plus naturel cependant : ces grands événements ne s'accomplissent que lorsqu'ils sont nécessités par une situation dont presque tout le monde souffre. Presque tout le monde alors désire et prévoit une crise, et le pressentiment général s'exprime par l'organe de quelques-uns. C'est ainsi qu'à l'approche des tremblements de terre, certaines créatures éprouvent une angoisse extraordinaire, et leur agitation prophétique ne s'explique pour le grand nombre qu'après l'accident.

Nous allons recueillir quelques-unes des prophéties qui annoncèrent la révolution française ; non pas, comme on le pense bien, pour donner un aliment à la crédulité, mais pour montrer une fois de plus que cette révolution, loin de venir inopinément, était dès longtemps appelée par les uns, redoutée par les autres, en idée chez tout le monde.

L'idée engendre le fait : cela est d'une telle évidence que l'on pourrait presque déterminer, dans l'œuvre de 1789, la part de chacun des grands penseurs de l'époque précédente. L'influence de deux d'entre eux surtout s'y révèle d'une manière triomphante ; rien n'est plus vrai que le refrain ironique de cette chanson populaire qui dit de la révolution française : *C'est la faute de Voltaire, c'est la faute de Rousseau :* leurs écrits avaient été un évangile familier pour la génération qui l'accomplit.

Mais ces deux hommes n'ont pas seulement provoqué, ils ont aussi pronostiqué la grande transformation que leur philosophie portait dans ses flancs. « Tout ce que je vois jette les semences d'une révolution », écrivait Voltaire en 1764, « la lumière s'est tellement répandue de proche en proche, qu'on éclatera à la première occasion, et alors ce sera un beau tapage. Les jeunes gens sont heureux : ils verront bien des choses. » — Et Rousseau, deux ans auparavant : « Nous approchons de l'état de crise et du siècle des révolutions. » Puis vient ce commentaire : « Je tiens pour impossible que les grandes monarchies de l'Europe aient encore longtemps à durer ; » et Rousseau conseillait aux nobles de faire apprendre un métier à leurs enfants par mesure de précaution. — « Dansez, messieurs, dansez; vous ferez bientôt une culbute universelle », leur criait le père de Mirabeau; mais, dans la bouche de ce vieil aristocrate, c'était un cri d'alarme et de détresse. — Quant au roi Louis XV, qui entrevoyait la même perspective à travers son égoïsme grossier, il se contentait de répéter : « Pourvu que cela dure autant que nous! »

Bien des témoignages analogues avaient précédé ceux-là : « La France ne vit plus que par miracle, disait Fénelon, c'est une vieille machine délabrée qui va encore par l'ancien branle qu'on lui a donné, et qui achèvera de se briser au premier choc. » Puis, adressant cet avis aux rois eux-mêmes : « il viendra une révolution violente, qui, au lieu de modérer simplement l'autorité excessive des souverains, l'abattra sans ressource. »

On pourrait remonter beaucoup plus haut que Fénelon. Le président de Selves ambassadeur de François Ier, proposait déjà une sainte-alliance des rois contre les peuples pour préserver l'Europe d'un dérangement général. — « La révolution est certaine en cet état-ci ; il croule par ses fondements, » disait le marquis d'Argenson, un ministre de la guerre. — Et madame de Chateauroux, une maîtresse de roi : « Il y aura un grand bouleversement si on n'y apporte remède. » — Et mademoiselle Aïssé, jeune fille plus occupée de son amour que de la politique : « Tout ce qui arrive dans cette monarchie annonce bien sa destruction. » — La moins curieuse de ces prophéties n'est pas celle du chevalier de Folard, le célèbre ingénieur : « Les puissances de l'Europe ont de bien mauvaises lorgnettes pour ne pas apercevoir l'orage qui les menace. »

Hommes d'Etat, hommes d'Eglise, hommes de science, femmes du monde, tous vivaient donc depuis longtemps sous l'empire des mêmes pressentiments.

Et quel esprit sensé n'aurait pas, en effet, prévu la chute d'une société telle que nous la peignent les contemporains?

« La culture des terres est presque abandonnée; les villes et les campagnes se dépeuplent; la France entière n'est plus qu'un grand hôpital désolé et sans provisions ; les magistrats sont avilis..... »

C'est encore Fénelon qui parlait ainsi, un siècle avant la révolution, en 1693. Le duc de Saint-Simon, dans ses *Mémoires*, employait presque les mêmes termes : « Le royaume est devenu un hôpital de mourants et de désespérés, à qui on prend tout chaque année en pleine paix. »

Bossuet, du haut de la chaire, laissait tomber des paroles également douloureuses et accusatrices : « Quand je considère les calamités qui nous environnent, la pauvreté, la désolation, le désespoir de tant de familles ruinées, il me semble que de toutes parts s'élève un cri de misère qui devrait nous fendre le cœur. »

« C'est pitié de voir comme le peuple meurt de faim! » s'écriait déjà Henri IV. Il est vrai qu'on était au milieu des guerres civiles. Mais ces guerres avaient cessé quand Richelieu disait que le peuple était *mangé jusqu'aux os.* — Au commencement du XVIIIe siècle, Vauban affirmait que sur dix Français, neuf manquaient de pain ou étaient fort gênés. — Bois-Guillebert assurait que *la plus grande partie* était dans l'indigence ; et il ajoutait : « La France a aujourd'hui la gangrène. » — Vauban et Bois-Guillebert terminèrent leur vie en disgrâce, comme Fénelon, dont le *Télémaque* ne put pas être publié sous le règne de Louis XIV, et comme Racine, qui, lui aussi, avait essayé de soulever ce voile sinistre, dans un écrit remis à madame de Maintenon.

Rapprochez de ces témoignages la correspondance où madame de Sévigné raconte (avec beaucoup de légèreté) les horreurs dont elle est spectatrice en Bretagne ; les *Mémoires* du paysan Jamerai Duval, tableau naïf et déchirant des misères de la Champagne, tracé par un homme qui en a ressenti le poids ; — et le rapport de cet intendant général de la Normandie, de la riche Normandie, qui peint « les grands chemins couverts de mendiants chassés de chez eux par la faim et la nudité. » — Et celui d'un gouverneur du Dauphiné : « La plus grande partie des habitants n'ont vécu pendant l'hiver que de racines et de glands ; et présentement (au mois de mai) on les voit manger l'herbe des prés et l'écorce des arbres. » — Consultez les mémoires adressés au duc de Bourgogne, sur sa demande, par les intendants des provinces, et dont l'analyse remplit huit volumes. — Consultez les révélations du ministre d'Argenson sur le Maine, l'Angoumois, la Touraine, le haut Poitou, le Périgord, l'Orléanais, le Berry, et formez-vous une idée de la détresse qui accablait partout les classes laborieuses : « Il est positif qu'il est mort plus de Français de misère depuis deux ans que n'en ont tué toutes les guerres de Louis XIV. »

Enfin contemplez avec épouvante ce portrait du paysan français tracé par un célèbre moraliste (La Bruyère) : « On voit certains animaux farouches, des mâles et des femelles, répandus dans les campagnes, noirs, livides et tout brûlés de soleil, attachés à la terre, qu'ils fouillent et qu'ils remuent avec une opiniâtreté invincible. Ils ont comme une voix articulée, et quand ils se lèvent sur leurs pieds, ils montrent une face humaine ; et en effet, ils sont des hommes. Ils se retirent la nuit dans des tanières, où ils vivent de pain noir, d'eau et de racines. Ils épargnent aux autres hommes la peine de labourer, de semer et de recueillir pour vivre, et méritent ainsi de ne pas manquer du pain qu'ils ont semé. »

Cette dernière phrase, échappée au cœur généreux de l'écrivain, est une amère censure des institutions sociales elles-mêmes. Telle ne devait pas être pourtant l'intention de La Bruyère, précepteur des princes de Condé et pourvu d'une charge de trésorier de France. Il croyait ne censurer que les pratiques et les mœurs de son temps.

Voyons donc quelles étaient ces pratiques ? Vauban les a décrites, Vauban, un gentilhomme démocrate dans le meilleur sens du mot : « Les peuples sont exposés aux mangeries des traitants, à la taille arbitraire, aux aides et aux douanes, aux friponneries des gabelles et à une foule d'autres droits onéreux, qui donnent lieu à des vexations infinies exercées à tort et à travers sur le tiers et le quart, lesquelles ont mis une infinité de gens à l'hôpital et sur le pavé, et en partie dépeuplé le royaume. »

Les voici décrites aussi par le comte de Boulainvilliers, un aristocrate celui-là, qui ne blâme la monarchie absolue que parce qu'elle empiète sur les priviléges des grands seigneurs : « Le peuple apprit par une expérience douloureuse que ces nouveaux magistrats (les intendants du roi) devaient être les instruments immédiats de sa misère, que les vies, les biens des familles, tout serait à leur disposition; maîtres des enfants jusqu'à les enrôler par force, maîtres des biens jusqu'à ôter la subsistance, maîtres de la vie jusqu'à la prison, au gibet et à la roue. »

Voyons maintenant quelles étaient les mœurs? Saint-Simon, peignant la cour du grand roi, raconte tant d'abominations que le lecteur n'y croirait pas si l'écrit était d'une autre date ou d'une autre plume. Ces crimes, commis sur le théâtre le plus en évidence, et faisant à peine sensation, nous permettent de supposer ce qui se passait au fond des provinces et dans le mystère des nobles manoirs. Mais nous ne sommes pas réduits aux suppositions : les tyrannies exercées par les seigneurs sur le peuple des campagnes étaient poussées si loin qu'en août 1665 une cour de justice extraordinaire dut tenir ses assises en Auvergne, pour en finir avec ces hobereaux qui prolongeaient trop longtemps les us du moyen âge.

Le récit de ces assises, nommées *les grands jours*, nous est parvenu, écrit par un futur évêque (Fléchier). Les joyeusetés scandaleuses ou sanglantes s'y entremêlent avec des forfaits si odieux, que le rang des coupables ne put pas les protéger contre la vindicte des lois.

« Il semble que le ciel soit indigné de tout ce

qui se passe, écrit M. de Birague en 1710, peut-être qu'à la fin Dieu y mettra la main. »

1710 : le règne de Louis XIV touche à son terme. Pense-t-on que l'état de la France va s'améliorer pendant les orgies de la régence et les turpitudes de Louis XV? Ecoutons :

« Pauvres paysans, pauvre royaume, pauvre roi ! » disait Quesnay, le fameux économiste, logé dans un entresol du château de Versailles, comme médecin de S. M., qui l'appelait *son penseur*.

« Depuis quelque temps, la Grève ne désemplit pas, » écrivait Bachaumont dans son *journal*, peu d'années avant la révolution.

A la veille même de l'explosion, un voyageur anglais, Arthur Young, visitant notre pays, compare sa détresse à celle de l'Irlande, et s'étonne de la patience du peuple français. « Ah! s'écrie-t-il, si pour un jour j'étais le législateur de la France, comme je ferais sauter les grands seigneurs. » Vraiment, le comité de salut public ne fut pas mal avisé quand, pour justifier la révolution, il réimprima le livre d'Arthur Young à 40,000 exemplaires et le fit distribuer dans toutes les communes.

Mais on peut suspecter l'opinion d'un étranger. Cherchons donc ailleurs. Ecoutons le comte de Guibert, un personnage officiel : « Les peuples vivent dans un tel état de malaise et d'anxiété que, s'ils avaient la force de briser les liens qui les attachent à leurs gouvernements, ils se donneraient d'autres lois et d'autres administrateurs. » — Et pourquoi n'écouterions-nous pas le régent de France lui-même ? « Si j'étais sujet, dit-il, je me révolterais. »

C'est, en effet, une cause de surprise que la durée d'un pareil état de choses pour ceux qui l'étudient avec un peu de soin et avec un peu de cœur. C'est qu'on supporte bien longtemps un poids héréditaire, parce qu'on ne croit pas à la possibilité de s'en dégager. Mais dès que cette possibilité apparaît, comme un trait de lumière, on la saisit avec passion, souvent avec frénésie. Pourtant si l'on s'énumère les griefs accumulés, les abus enracinés, maux présumés sans remède, on est presque étonné qu'il n'ait pas fallu des efforts plus terribles encore pour renverser tant d'obstacles, et verser plus de sang pour laver celui que les siècles passés avaient répandu sur notre sol.

Nous venons de faire plusieurs pages de citations. Nous ne les avons pas multipliées par besoin de récriminations contre un régime fini, et qui n'a certes pas été sans gloire pour la France, mais afin que nos lecteurs, en comparant cette ancienne société avec celle où nous vivons, quels que soient encore ses défauts, puissent apprécier et bénir les bienfaits de la révolution. Au lieu de quelques pages nous en ferions cent, nous en ferions mille sans épuiser les sources; et nous arriverions au seuil même de la révolution avec un effrayant dossier de témoignages sur sa nécessité, avec de cruelles excuses pour sa violence.

« On n'a point observé les troubles civils en penseur, dit madame de Staël, quand on ne sait pas que la réaction est égale à l'action. Les fureurs des révoltes donnent la mesure des vices des institutions; et ce n'est pas au gouvernement qu'on veut avoir, mais à celui qu'on a eu longtemps, qu'il faut s'en prendre de l'état moral d'une nation. On dit aujourd'hui que les Français sont pervertis par la révolution. Et d'où venaient donc les penchants désordonnés qui se sont si violemment développés dans les premières années de cette révolution, si ce n'est de cent ans de superstition et d'arbitraire? Il n'est point de période comparable aux quatorze mois de la Terreur, ajoute-t-elle, que faut-il en conclure? Qu'aucun peuple n'avait été aussi malheureux depuis cent ans que le peuple français. » (*Considérations sur la Révolution.*)

CHAPITRE II

LE PROGRÈS PAR LE DESPOTISME, ET LE PROGRÈS PAR LA LIBERTÉ.

Les souffrances matérielles d'un peuple ne suffisent pas pour expliquer ses agitations : ce sont les blessures de l'âme qui saignent le plus. Ici encore, l'emportement de la révolte nous donne la mesure de la compression éprouvée. Si l'on rejeta le passé en masse, si l'on brisa pêle-mêle les traditions religieuses et politiques, si l'on voulut effacer jusqu'aux noms de baptême, renouveler jusqu'à ceux des mois et des jours, c'est que l'ancien régime avait mérité toutes ces antipathies en opprimant les intelligences, en outrageant la dignité humaine.

Quel spectacle offrait-il, en effet, cet ancien régime, au moment où la raison publique se souleva contre lui?

Dans l'ordre religieux, l'intolérance, les persécutions, les exils, les bûchers même : celui du malheureux Labarre, un enfant, condamné pour avoir manqué de respect aux images du culte, date de 1766, et il n'est pas le dernier; — Dans l'ordre politique, une absence de libertés qui autorisait le jurisconsulte anglais Blackstone à mettre au même rang la France et la Turquie ; — Dans l'ordre moral, l'exemple pestilentiel de la Cour et des hautes classes, qui arrachait à d'Alembert ce cri d'indignation : « La France ressemble à une vipère : tout en est bon, hors la tête » ; et à M. de Guibert ce cri de découragement : « Lorsque la corruption a fait de tels ravages, il est presque impossible d'espérer une régénération » ; — Dans l'exercice de la justice, la prodigalité de la peine de mort, avec ses gradations de tortures et ses variétés de formes, selon le rang des condamnés, la marque, les cachots, le secret des procédures, et la réversibilité des peines sur les familles par la confiscation et par l'infamie ; — Enfin, dans l'ordre civil, des inégalités sociales de toute nature, les humiliations de la personne et les servitudes de la terre.

C'est là qu'il faut chercher les causes de la révolution, plus encore que dans les misères dont nous venons d'entendre la litanie.

Elle s'est faite pour conquérir la liberté, non pour gagner des améliorations matérielles. Une preuve, c'est ce fait, qu'au moment où elle éclata, grâce aux progrès de la marine française, une période de prospérité, du moins en ce qui regardait le commerce extérieur, venait de s'écouler. Une autre preuve, c'est que la régénération nationale trouva ses principaux artisans dans la classe bourgeoise, celle qu'atteignaient le moins le fléau de la pauvreté et celui de la dépravation.

La bourgeoisie, jugée au point de vue économique, se compose d'hommes qui vivent en partie de leur travail actuel, en partie sur le produit amassé de travaux antérieurs. Cette classe moyenne se multiplie incessamment par l'accession des ouvriers intelligents et économes ; elle était, avant la Révolution, beaucoup moins considérable qu'aujourd'hui; cependant, depuis longtemps déjà, elle remplissait toutes les carrières industrielles et la plupart des carrières libérales. C'était bien réellement ce qu'on nommait le *tiers Etat;* et lorsque Sieyès, dans un pamphlet fameux, proclama que le tiers Etat était la nation, il traduisit en une formule nette et simple la pensée de tout le monde. Préservée de l'extrême misère qui abrutit, et des dangereuses séductions de l'oisiveté, la bourgeoisie est disposée à considérer les maux de la société sous leur côté moral : c'est chez elle que le despotisme de Louis XIV avait laissé le plus de ressentiments et que la crapule de Louis XV inspirait le plus de mépris.

Le rôle de la bourgeoisie dans la révolution française n'était pas chose nouvelle : l'histoire le constate.

Aux états généraux de 1356, on l'avait vue demander une égale répartition d'impôts ; en 1413, elle avait contraint révolutionnairement Charles VI à décréter des mesures pour protéger l'habitant des campagnes contre les abus de la force ; aux états de 1560, elle réclama la suppression des péages à l'intérieur et des douanes aux frontières; l'année suivante, à Pontoise, elle fit poser en principe le droit de l'Etat sur les propriétés du clergé ; aux états de 1614, les derniers tenus en France, la bourgeoisie proposa « la liberté du commerce, trafic et manufactures ; » elle demanda l'abolition de la taille, impôt accablant ; elle demanda aussi l'abolition de la vénalité des charges, dont elle profitait à peu près seule :

« C'est pour le peuple que nous travaillons, dit un de ses orateurs, Jean Savaron, c'est contre nos intérêts que nous combattons. »

« Les marchands eux-mêmes étaient infectés de l'amour du bien public, qu'ils estimaient plus que leur avantage particulier, » dit madame de Motteville, amie de la régente Anne d'Autriche.

Voilà les états de service de la bourgeoisie ! on n'a rien obtenu et on n'obtiendra rien sans le concert de ses efforts et de ceux du peuple, pour nous servir de l'expression consacrée par l'usage, c'est-à-dire sans l'union de la démocratie émancipée par le travail, avec celle qui va s'émancipant chaque jour.

L'aristocratie fournit aussi des chefs à la révolution. C'est dans les salons aristocratiques que s'aiguisa l'épée destinée à tuer la noblesse. C'est à la cour des monarques absolus que se réfugiaient les écrivains persécutés pour des livres qui devaient renverser les trônes. Faut-il ne voir ici qu'un aveuglement providentiel ? Non, reconnaissons l'irrésistible puissance du juste et du vrai, qui domine les intelligences à leur insu, qui commande en dépit des intérêts. La classe privilégiée n'avait plus foi dans l'équité de ses privilèges quand la classe déshéritée se révolta contre eux.

Bien des gens se figurent que Louis XVI, par des actes de répression, aurait pu arrêter ce mouvement. C'est peu croyable : on n'arrête pas la pensée d'un siècle.

Il vint un moment, sans doute, où ceux qui avaient ouvert les portes à la démocratie, effrayés de son irruption, tâchèrent de les refermer : beaucoup de gentilshommes philosophes commencèrent à renier leurs principes quand le peuple commença à les réaliser.

Mais, au temps dont nous parlons, tout le monde rêvait de progrès : sur presque tous les trônes de l'Europe, ou à côté des trônes, comme ministres et conseillers, siégeaient des hommes plus ou moins gagnés aux idées modernes et qui travaillaient à les faire pénétrer dans le gouvernement des Etats.

Toutefois, on ne concevait guère alors les réformes que comme un octroi du souverain. On ne supposait pas qu'elles pussent devenir le prix d'un effort accompli par les peuples eux-mêmes. C'était du *despotisme bienfaisant*. Jean-Jacques Rousseau en fait la théorie quand il veut « forcer l'homme d'être libre ».

Il est vrai que les peuples vivaient encore sous le joug de l'ignorance et des préjugés. L'Empereur d'Allemagne, Joseph II, un prince philosophe, ayant tenté d'introduire dans ses Etats une partie des innovations que notre Assemblée constituante réalisa plus tard, rencontra les résistances les plus obstinées. Autant en arriva au roi d'Espagne, Charles III, lorsqu'il voulut débarrasser les Espagnols du jésuitisme : « Ils sont comme des enfants qui pleurent quand on les nettoie » s'écriait-il.

C'est que ces princes, au lieu d'associer les nations à leurs entreprises réformatrices, voulurent agir sans elles, selon la formule si connue : tout pour le peuple et rien par le peuple.

Le peuple ne s'attache solidement et cordialement qu'aux progrès dont il est lui-même le principal auteur, parce que le travail qu'il fait pour accomplir ces progrès l'élève en force et en moralité. Ceux qu'il doit aux despotes civilisateurs s'incarnent rarement en lui. Ce sont des vêtements mal ajustés à sa taille, qui le gênent au moindre mouvement.

Le progrès n'a que deux voies sûres : l'éducation générale ou les révolutions.

La première est lente, mais elle va au but sans déviation et sans retour : une minorité intelligente convertit à ses idées la majorité.

Les révolutions sont une marche douloureuse, intermittante, sujette à l'erreur et aux réactions; mais prompte, qui dévore le temps et l'espace : c'est l'action des majorités passionnées.

Quand le suffrage universel sera éclairé et librement pratiqué, peut-être donnera-t-il au progrès le même élan que les révolutions, sans occasionner les mêmes troubles et les mêmes souffrances.

Peu de temps avant la révolution, des tentatives de réformes avaient été faites en France; mais entreprises dans un sentiment philanthropique plutôt que dans l'esprit de la liberté générale, elles avaient échoué malgré la confiance que méritaient leurs promoteurs, Turgot et Malesherbes.

Ces deux hommes de bien avaient été appelés au ministère par Louis XVI, qui venait de succéder à son grand-père, de honteuse mémoire. La régularité des mœurs du nouveau roi promettait un règne très-différent; aussi son avénement fut-il salué par de grandes espérances. Louis XVI n'avait jamais connu les passions fougueuses de la jeunesse, jamais non plus ses généreuses aspirations. C'était une nature vulgaire, impuissante, qu'une éducation étroite et bigote avait asservie aux préjugés de caste et aux directions cléricales. Il était donc fort hostile aux idées de la philosophie moderne et à toute prétention de liberté politique; mais un fond de charité le rendait sensible aux misères de ses semblables, et le disposait à accueillir volontiers les mesures d'amélioration matérielle.

Il eut le bon esprit de choisir deux conseillers que l'opinion lui désignait : Turgot, recommandé par sa belle intendance de la province de Limousin, Malesherbes, par de nobles remontrances sur le régime de contributions imposé au pauvre peuple.

Turgot avait conçu un plan politique, vaste et hardi. C'était une hiérarchie de municipalités électives, dans les villages, dans les villes, dans les arrondissements, dans les provinces, chacun de ces centres nommant des députés au centre immédiatement supérieur; et les assemblées provinciales composant enfin, par leurs représentants, la municipalité générale du royaume. Ce système aurait pu consolider la monarchie en lui faisant subir une transformation. En homme d'Etat et en homme de cœur, Turgot voulait donner pour assise à son édifice un conseil d'instruction nationale, afin de créer un peuple de citoyens éclairés sur leurs devoirs. Il avait espéré qu'une année ou deux lui suffiraient pour réaliser tout cela; mais il jugea nécessaire de préparer d'abord le terrain par des lois économiques, et cet ajournement ne fut peut-être pas étranger à son insuccès : apôtre fervent de la liberté personnelle, qui est toujours un fruit de l'éducation, le ministre réformateur semble n'avoir pas assez compris que cette éducation même ne saurait se développer sans la liberté politique.

Il établit d'abord le libre commerce des grains, et plus tard celui des vins, dans tout l'intérieur du royaume. Des droits de douane, et même des prohibitions absolues avaient existé de province à province, et, de là entre elles, au grand préjudice de la production et de la consommation, des inégalités de prix excessives. Il abolit la corvée pour le transport des convois militaires, puis la corvée pour les *chemins du roi*, en la remplaçant par des taxes sur les propriétés foncières. La gabelle allait être attaquée, impôt odieux parce qu'il faisait payer le sel dix fois sa valeur, et parce qu'il prescrivait ce que chacun devait en acheter, besoin ou non. Les résultats de la gestion de Turgot furent tels qu'au bout de deux ans un excédant de recette s'était produit, et que l'on commençait à rembourser l'arriéré. La prospérité générale avait fait baisser l'intérêt de l'argent jusqu'à quatre pour cent.

Il supprima les jurandes, maîtrises et corps d'état. Saint Louis avait mis les arts et métiers en confréries, organisation très-utile dans le principe pour réprimer beaucoup de désordres, pour régulariser le travail et soustraire les artisans aux exactions féodales. Mais les corporations ouvrières devinrent une servitude de nouvelle espèce; elles constituèrent des monopoles héréditaires, nuisibles aux progrès de l'industrie : ouvrant ou fermant leurs rangs, selon leur bon plaisir, et faisant commerce de la maîtrise, elles exerçaient dans leur sein de véritables tyrannies, en même temps qu'elles pratiquaient l'intolérance au dehors. Chacun était étroitement parqué dans son métier, avec défense sous peine de mort et emprisonnement de sa famille, d'aller tenter meilleure fortune à l'étranger. L'abolition des corporations fut donc un bienfait. Désormais, chaque citoyen se trouva libre d'entreprendre toute espèce d'industrie.

Le caractère moral de l'administration de Turgot ne fut pas moins marqué que ses tendances généreuses en économie politique : liberté des cultes, demandée au roi, malheureusement sans succès; inviolabilité du secret des lettres, consacrée par un arrêt du conseil; licenciement de la haute police des salons; suppression des pots de vin que les fermiers des contributions apportaient aux ministres pour obtenir le renouvellement de leur bail; n'oublions pas l'exemption de tout droit pour les livres venant de l'étranger.

Ces mesures ne touchaient pas directement aux intérêts des classes privilégiées, qui les laissèrent passer sans réclamation. Mais d'autres étaient annoncées : une réforme de la maison civile du roi, l'établissement d'une proportionnalité équitable dans les charges publiques, la conversion des droits féodaux du domaine royal en redevance annuelle, exemple qui deviendrait certainement obligatoire pour les seigneurs. Turgot même faisait circuler un écrit où le rachat des droits féodaux était formellement proposé. Les ministres, d'ailleurs, laissaient la critique s'exercer au sujet des vieilles institutions.

Grand émoi dans le monde qui vivait des abus. Le parlement de Paris refusa l'enregistrement des édits rendus à l'instigation de Turgot. Voici comment les choses se passaient : toute ordonnance royale devait être portée au Parlement pour être inscrite sur ses registres; s'il ne l'approuvait pas, son président se rendait auprès du roi pour présenter des remontrances, c'est-à-dire des observations respectueuses. Quand le roi insistait, le Parlement avait deux partis à prendre : céder, ce qu'il faisait ordinairement, ou résister; et alors Sa Majesté tenait un lit de justice et faisait enregistrer la loi d'autorité. La plupart du temps, on transigeait pour éviter ce scandale.

Cette fois, le roi dut user de son pouvoir pour briser la résistance du parlement. Une conspiration se forma aussitôt dans son entourage contre le ministre économe qui refusait de fournir aux prodigalités de la cour; et comme ce même ministre avait demandé la validation des mariages protestants, le clergé catholique se joignit à ses ennemis. On employa des armes honteuses : pamphlets anonymes et lettres supposées; et Louis XVI céda. Turgot fut brutalement congédié, aux applaudissements des salons aristocratiques, mais au grand regret du peuple, qui, malgré les perturbations et les souffrances inséparables de toute réforme, comprenait qu'il perdait un ami; à la vive douleur de Voltaire, qui avait surnommé Turgot *le père du peuple*, et qui s'écria en apprenant sa disgrâce : « Je suis atterré; ce coup de foudre m'est tombé sur la cervelle et sur le cœur. »

Nous devons reconnaître dans Turgot une des hautes intelligences philosophiques de notre pays, l'un des précurseurs de la Révolution, son plus hardi théoricien peut-être, car nul autre n'a rompu plus nettement avec les traditions. Il a écrit dans son mémoire sur les municipalités : « Les droits des hommes réunis en société ne sont point fondés sur leur histoire, mais sur leur nature. »

Mais Turgot, dans sa noble impatience des réformes, partageait l'erreur de son temps sur le moyen de les effectuer : « Donnez-moi cinq années de despotisme, disait-il, et la France sera libre. »

Louis XVI lui-même eut conscience de cette erreur : « Turgot est trop entier dans le bien qu'il croit faire, écrivait-il à Malesherbes, le despotisme n'est bon à rien, dût-il forcer un grand peuple à être heureux. » Les réformes de Turgot eurent le sort de toutes les réformes octroyées : elles disparurent avec leur auteur. Les peuples, comme les individus, sont soumis à une belle loi de justice : ils ne doivent jouir que des biens qu'ils ont mérités par leurs labeurs.

Après la chute de Turgot, la corvée fut rétablie : on y ramena les paysans par le bâton. L'édit qui avait affranchi l'exercice des professions industrielles fut révoqué; il fallut que plus tard (en 1791) l'Assemblée nationale reprît l'œuvre pour la rendre définitive. Le crédit public s'affaissa; un emprunt destiné à convertir la dette ne se remplit pas, et le gouvernement chercha d'ignobles ressources dans l'institution d'une *loterie royale*.

Tout allait de mal en pis. On eut recours à un homme qui avait acquis dans la finance fortune et renommée, mais étranger et protestant : pour qu'on passât là-dessus, les embarras devaient être bien pressants. Necker était un administrateur habile ; ceux qui croyaient qu'un Etat peut se guérir de toutes ses infirmités par des artifices financiers coururent au-devant de lui ; son avénement fut salué par une hausse considérable des effets publics, et il put emprunter à des conditions avantageuses. Il améliora les services, centralisa la comptabilité du trésor, enraya les gaspillages et entreprit de réduire le nombre des offices et des charges, qui s'étaient scandaleusement multipliés sous les derniers règnes. Quelqu'un a essayé de les compter; il y a renoncé, en les évaluant approximativement à plus de trois cent mille. Louis XIV seul en avait créé quarante mille. Il est vrai qu'il les vendait à des spéculateurs en gros, pour ceux-ci les revendre en détail. L'industrie en était surchargée : elle ne pouvait rien faire sans être contrôlée, mesurée, pesée, tarifée, et surtout rançonnée par les gens du roi. L'exercice de certaines professions était aussi l'objet d'un trafic. Chose inique et absurde! comme si le travail n'était pas le droit et la gloire de tous les hommes.

Mais ce qui suffirait pour mériter à Necker la reconnaissance nationale, c'est son fameux *compte rendu* des recettes et dépenses, premier exemple de publicité dans les affaires de l'Etat.

Il réalisa aussi une portion du plan politique de Turgot, en organisant quelques *assemblées provinciales*, chargées de la gérance des intérêts locaux. Ces assemblées devaient relâcher les ressorts du pouvoir que la monarchie avait tendus jusqu'à les user. La tentative échoua, parce que les aspirations universelles avaient déjà beaucoup plus de portée : il s'agissait désormais à la fois d'une émancipation sociale et d'une réforme politique.

Les projets de Necker suffirent cependant, comme ceux de Turgot, pour alarmer tout ce qui profitait du mystère et du désordre. Necker, d'ailleurs, économe des deniers publics, ne les prodiguait pas aux courtisans : s'il remplissait les coffres de l'Etat, il ne les ouvrait qu'à bon escient. La ligue qui avait renversé son illustre prédécesseur se reforma contre lui ; il succomba, et sa chute fut également suivie d'une réaction : non-seulement ses améliorations projetées furent abandonnées, mais on revint sur plusieurs de celles qu'il avait accomplies.

En vain la conscience publique, éclairée par la philosophie, reconnaissait l'égalité naturelle des hommes; les privilégiés, tout en faisant écho à ces idées dans leurs salons, résistaient obstinément à leur application : le ministre de la guerre ferme aux roturiers l'accès des grades dans l'armée, et Louis XVI décide qu'il n'accordera aucun bénéfice dans l'Eglise à d'autres qu'à des nobles.— En vain le sentiment général proclamait la fraternité des races, un arrêt du conseil encourage la traite des noirs par une prime d'argent. — A ce moment d'essor de la pensée, le clergé réclame des mesures sévères contre les *abus de l'art d'écrire*, le parlement condamne l'*Histoire philosophique des deux Indes* de Raynal, et la Sorbonne menace les *Epoques de la nature* de Buffon, — quand la tolérance épanouit les âmes, l'assemblée du clergé demande des persécutions contre les protestants ; et les évêques menacent le roi lui-même de la colère céleste, parce qu'un édit vient d'attribuer la qualité de citoyens aux non-catholiques. — Enfin, quand la raison humaine revendique les droits du peuple, le prélat officiant au sacre de Louis XVI supprime pour la première fois la question que, suivant une antique formule, il devait adresser à l'assistance : « Acceptez-vous ce prince pour votre roi ? »

Mais, plus fort que ces résistances, un courant entraînait les esprits vers les idées de justice et de liberté : un éclatant exemple en fut donné.

Les colonies anglaises de l'Amérique du Nord, opprimées par la métropole, s'étaient soulevées; et tandis qu'un héros guerrier, Washington, défendait par les armes le drapeau des nouveaux *Etats-Unis*, un héros philosophe, Franklin, venait demander pour eux l'appui de la France. Il se présenta chez l'homme qui personnifiait le mieux les sentiments de notre peuple, chez Voltaire, en le priant de bénir son petit-fils : « Dieu et la liberté! » s'écria le grand vieillard, posant sa main sur la tête de l'enfant. C'était une adoption, au nom de la France, de la jeune nation qui devait nous précéder dans la carrière des libertés politiques.

L'opinion française se prononça hautement : elle détermina d'abord un groupe chevaleresque, appartenant aux classes aristocratiques, à entreprendre, malgré les défenses du roi, une expédition en faveur des insurgés; et La Fayette commença l'illustration de son nom en se mettant à la tête de cette généreuse croisade. Bientôt les succès des Américains, et surtout la pression croissante de l'opinion, obligèrent le cabinet de Versailles à reconnaître la nouvelle république, à lui donner son appui et à conclure avec elle un traité de commerce et d'alliance défensive. On eut beaucoup de peine à décider le roi, qui résista longtemps, le dernier de tous; et l'éloignement bien connu de la reine pour cette cause contribua beaucoup à lui aliéner les esprits. « Après Dieu, c'est à la France que le peuple américain doit sa délivrance, » dit un de nos historiens (Henri Martin).

La France fut récompensée de sa bonne action : l'admirable déclaration d'indépendance des Etats-Unis, dans laquelle il était impossible de ne pas reconnaître l'influence directe de nos publicistes, l'exemple de ce peuple créateur de sa liberté, le séjour à Paris du républicain Franklin, objet de la vénération universelle, tout cela réagit sur la France d'une manière décisive. Les gentilshommes qui se prononcèrent tout d'abord en faveur de la révolution, Noailles, Montmorency, Lameth ; les généraux qui commandèrent nos premières armées révolutionnaires, Custines, Rochambeau, Biron, Jourdan, avaient fait la campagne d'Amérique; noble échange d'hommes et d'idées, qui établit entre les deux peuples une heureuse solidarité.

Il était visible que le divorce, toujours plus prononcé, de l'opinion et du gouvernement, devait amener la perte de celui-ci ; il la hâta par ses fautes.

A l'époque où Turgot et Necker projetaient leurs réformes, elles auraient pu, sinon conjurer l'orage, du moins le retarder. Mais ceux qui avaient renversé ces deux ministres continuaient à rendre tout progrès impossible, et par conséquent la révolution inévitable. — Nul n'entendait faire de sacrifice : les parlements, qui trouvaient de grands mots pour plaindre les douleurs du peuple, ne trouvaient aucun acte pour le soulager; ils s'opposaient opiniâtrément à l'égale répartition des impôts et à l'établissement des assemblées provinciales.

La gestion des finances, qui embrassait alors presque toute l'administration du royaume, fut confiée successivement à plusieurs mains inhabiles. Enfin la cour crut avoir découvert l'homme qu'il lui fallait : Calonne promit de satisfaire tout le monde sans éveiller l'esprit de réforme, et de tenir les caisses pleines par le seul jeu du crédit. Il affectait tant d'assurance qu'il fascina les courtisans, plus légers encore que lui. En effet, Calonne paya les dettes des princes et fournit à toutes les prodigalités ; il les encouragea même, fit acheter Saint-Cloud par la reine, et acheter par le roi pour 70 millions de domaines appartenant à des seigneurs obérés, qui se trouvèrent ainsi hors de gêne. Il fit pleuvoir les dons et les pensions. Mais s'il remplit ponctuellement cette partie de son programme, l'autre fut manquée : le nouveau sauveur ne s'était procuré de l'argent que par des emprunts onéreux et en engageant les biens de la couronne, mesures qui devaient compléter le désordre des finances.

A bout de ressources, Calonne fut obligé de déclarer son embarras ; et il revint, comme expédient de salut, aux projets de réforme : « Il faut, dit-il à Louis XVI dans un mémoire secret, reprendre en sous-œuvre l'édifice entier pour en prévenir la ruine. » C'était avouer ce que les idées des philosophes n'avaient pu persuader aux hommes de gouvernement : la nécessité de faire un choix entre le sacrifice des privilèges et celui de l'Etat lui-même.

Les plans du nouveau ministre furent assez heureusement formés de toutes pièces, d'après ceux de ses devanciers; mais comment les faire sanctionner par un corps politique qui leur donnât autorité suffisante? Les parlements, sous l'influence de l'esprit de corps, étaient toujours disposés à contrecarrer l'administration. Calonne imagina de convoquer les *notables*, ce qui n'avait pas eu lieu depuis un siècle et demi (1626). L'assemblée des notables était un conseil extraordinaire, choisi parmi les personnages les plus importants du royaume, appelés à donner leur avis, un avis seulement, sur les questions qu'on jugeait à propos de leur soumettre.

L'Assemblée, réunie le 22 février 1787, et dont la session dura trois mois, se composait des princes du sang, des maréchaux de France, de nobles et de prélats, de magistrats et de quelques officiers municipaux, en tout 144 membres, dont six ou sept seulement représentaient le tiers état. Calonne y exposa ses idées, déclarant que l'unique moyen de restaurer les finances était la suppression des abus. « Des privilèges seront sacrifiés, dit-il, *la justice le veut*, le besoin l'exige. » Langage peu propre à toucher ceux qui profitaient de ces privilèges : ils repoussèrent les projets comme mal combinés, mais au fond parce qu'ils abordaient la question brûlante : l'égale répartition des impôts. Calonne fut vaincu, et le roi l'abandonna, comme il avait abandonné Turgot et Necker.

Les plans de Calonne, moins grands et moins populaires que ceux de ces deux ministres, survécurent pourtant à sa chute, grâce aux progrès qu'avait faits l'esprit public, déjà même fort en avant de pareilles innovations ; si bien que le remplaçant de Calonne, quoique poussé au ministère par l'influence de la reine, plus hostile encore que le roi aux idées nouvelles, sentit la nécessité de céder à l'opinion. C'était Loménie de Brienne, archevêque de Toulouse, homme d'esprit dans les salons, sans solidité et sans moralité. Les notables, satisfaits d'avoir renversé Calonne, et séduits par des promesses d'économie, se montrèrent de meilleure composition avec son successeur. Mais celui-ci trouva dans le parlement la même résistance qui avait fait échouer toutes les réformes sérieuses. Cette fois pourtant, le parlement eut l'habileté d'enregistrer sans obstacle plusieurs mesures favorables à la liberté et aux pauvres, comme l'établissement des assemblées provinciales et le règlement sur le commerce des blés; et il porta son refus sur un impôt condamné par l'opinion, l'impôt du timbre. Ce jeu lui valut une popularité; sa querelle avec la cour prit un caractère national, surtout quand il en vint à déclarer « qu'à la nation seule, représentée par les *états généraux*, appartenait le droit d'octroyer au roi les subsides nécessaires. » Ainsi, cette magistrature orgueilleuse, dans un jour d'opposition, venait déclarer son incompétence politique.

Au fond, personne ne contestait que l'impôt dût être voté par les états généraux, délégués de ceux qui le payaient; mais, en leur absence, on le faisait voter *provisoirement* par le parlement, et ce provisoire s'éternisait: les états généraux n'avaient pas été assemblés depuis l'année de la majorité de Louis XIII (1614).

La chambre des comptes et la cour des aides suivirent l'exemple du parlement, et proclamèrent l'urgence des états généraux en refusant l'enregistrement des édits proposés.

On exila le parlement de Paris pour le punir de sa hardiesse; aussitôt, les parlements de province firent entendre d'énergiques protestations, auxquelles adhérèrent les tribunaux inférieurs, et même des corps étrangers à la magistrature, comme l'Université. La cour alarmée négocia: elle rappela les exilés et obtint d'eux, par transaction, l'enregistrement, sous une forme modifiée, de quelques mesures financières qu'ils avaient repoussées.

Mais cela était loin de suffire aux insatiables besoins du Trésor. On résolut d'avoir recours à de nouveaux emprunts et d'en arracher la sanction en usant à la fois d'autorité et de surprise.

Le 18 novembre au soir, le premier président du parlement reçut l'ordre de convoquer les conseillers en séance royale pour le lendemain à huit heures du matin. Un grand nombre ne purent s'y rendre ; mais on avait eu soin d'avertir ceux dont le consentement était assuré. Le roi ouvrit la séance par un discours sévère : il déclara « qu'à lui seul appartenait la puissance souveraine, à lui seul le pouvoir législatif, *sans dépendance et sans partage*, à lui seul le droit de convoquer les *états généraux;* qu'il n'avait besoin d'aucun pouvoir extraordinaire pour l'administration du royaume; qu'il ne voyait dans les représentants des trois ordres qu'*un conseil plus étendu*, et qu'il serait toujours l'*arbitre de leurs représentations et de leurs doléances.* »

Toutefois, le roi promettait de convoquer les états généraux avant 1792.

Ensuite, on présenta les nouveaux édits d'emprunt. Comme le président se disposait à compter les suffrages, Louis XVI, après avoir échangé quelques paroles avec son ministre, s'écria : « J'ordonne que mon édit soit enregistré. » Et le duc d'Orléans ayant balbutié le mot d'*illégalité*, « c'est légal, puisque je le veux, » dit le roi, élevé dans toutes les maximes du despotisme. Le parlement protesta qu'il ne prendrait aucune part à la transcription de l'édit sur ses registres.

Les résistances continuèrent. La cour résolut d'en finir par un coup d'Etat : elle fit enlever de leurs siéges et transférer dans des prisons lointaines deux des opposants les plus hardis, MM. d'Eprémesnil et Goislard. Puis, dans un lit de justice tenu à Versailles le 8 mai 1788, le roi déclara tous les parlements en vacances et leur interdit de se réunir ; il leur ôta le privilége de vérifier et d'enregistrer les édits, pour en investir une *cour plénière*, composée des princes et des pairs, des grands officiers de sa maison et d'autres personnages considérables. L'administration de la justice fut réformée par une série d'ordonnances, qui contenaient des mesures utiles, mais insuffisantes pour les exigences croissantes de l'opinion.

L'impuissance de la monarchie absolue était devenue évidente. L'agitation se propageait en Normandie, en Bretagne, dans le Béarn, dans le Dauphiné. Le parlement de Rennes nota d'infamie les juges qui procéderaient en vertu des ordonnances royales du 8 mai. Dans le Dauphiné, les citoyens se réunirent en assemblée provinciale, noblesse, clergé et tiers état, sans distinction d'ordres, et le dernier ayant à lui seul autant de membres que les deux autres : initiative à noter parce qu'elle précéda d'un an un grand acte de la Constituante. La cour voulut dissoudre cette réunion par la force armée ; mais le maréchal de Vaux, gouverneur de la province, qui voyait les choses de plus près, écrivit qu'il était trop tard. Les citoyens assemblés demandèrent formellement au roi la convocation des états généraux, et jurèrent le refus de l'impôt jusqu'à ce moment. « Le roi, déclarèrent-ils, n'a plus rien à attendre du Dauphiné, ni du reste de la France, s'il refuse d'assembler les états généraux. »

Les états généraux de l'ancienne monarchie n'avaient pas été une grande gêne pour les rois. Ceux-ci, au contraire, s'en étaient maintes fois servis pour obtenir de la nation ce qu'ils désiraient, sauf à écarter ce commode agent responsable dès qu'ils cessaient d'en avoir besoin. Et pourtant ce nom d'états généraux semblait posséder une vertu mystérieuse : il contenait la notion de la souveraineté populaire. Aussi Louis XIV la repoussait-il instinctivement, et Louis XV disait : « Si j'avais un frère qui ouvrît l'avis de convoquer les états généraux, je le sacrifierais dans les vingt-quatre heures à la durée de la monarchie. » Toutes les fois que de grands embarras se sont produits en France, le vœu des états généraux a retenti comme un cri de salut. Sans remonter à Philippe le Bel, appelant à son aide les délégués du peuple pour résister aux prétentions de Boniface VIII, qui voulait étendre sa suprématie pastorale sur le temporel ; c'est l'évangélique Fénelon qui désire les états généraux quand il croit le pays en détresse ; c'est le philanthrope Vauban ; c'est aussi l'aristocrate Saint-Simon et le féodal Boulainvilliers ; c'est La Rochefoucauld le frondeur : car on les a réclamés dans toutes sortes d'intérêts et dans toutes sortes d'espérances.

Quand le duc d'Orléans et le duc du Maine se disputaient la régence, des deux côtés on invoquait les états généraux, comme représentant la nation, seule arbitre dans une cause nationale. Un peu plus tard, quand le Régent, après avoir ouvert les écluses de l'agiotage, vit monter le flot de la banqueroute, il songea, dit-on, à tout livrer aux états généraux ; mais son ministre, le cardinal Dubois, lui conseilla de les *éviter* : « Il faut, dit-il, éloigner l'idée que le roi tient de ses sujets tout ce qu'il est et tout ce qu'il possède. » Enfin, aux approches de la révolution, c'est le républicain Mabli, le royaliste Malesherbes, le parlementaire d'Eprémesnil; c'est le clergé lui-même, lorsqu'on lui demande de payer sa part des subsides, qui répètent en chœur ce mot : les états généraux! Ils les appellent sans trop savoir ce qui en sortira, comme, dans les cas désespérés, on emploie un remède dont on ne connaît pas l'effet.

Mais qu'apparaît-il de là, si ce n'est qu'au-dessus de tous les pouvoirs politiques chacun reconnaît plus ou moins clairement qu'il existe un tribunal en dernier ressort, le peuple souverain? Beaucoup de voix isolées avaient invoqué ce juge suprême; elles étaient demeurées sans écho, jusqu'au jour où la France s'éveilla et répéta le même appel de sa grande voix.

Jusqu'alors, le gouvernement royal aurait pu se mettre à la tête des réformes et les opérer d'accord avec la nation; jusqu'alors même, on avait compté sur lui. Maintenant l'heure des réformes est passée; l'heure de la révolution a sonné.

Les états généraux furent convoqués le 8 août 1780 pour le 1er mai de l'année suivante. « La grande vague » disait Necker.

CHAPITRE III

LES PRINCIPES DE 1789 ÉCRITS DANS LES CAHIERS DES ÉTATS

La convocation des états généraux avait été une victoire de l'opinion publique sur le roi, sur la cour et sur les parlements eux-mêmes, qui l'avaient demandée dans un accès de dépit.

L'opinion publique remporta une autre victoire, en faisant rappeler Necker au ministère des finances. Il y fut reçu comme un homme imposé; et Necker répondit à la faveur dont il était l'objet par de sages mesures, qui rendirent au crédit une certaine fermeté et procurèrent des ressources indispensables, en attendant les états généraux. « Ah! s'écria-t-il, que ne m'a-t-on donné ces quinze mois ! A présent, c'est trop tard. » Trop tard, mot répété bien des fois.

Une question capitale préoccupait les esprits : l'ancienne société française était divisée en trois ordres : le clergé (le clergé catholique, les autres religions ne comptaient pas), la noblesse et le tiers état ; et dans leurs assemblées représentatives, chacun d'eux formait un corps à part; de sorte que, s'il y avait entre eux opposition d'intérêts, les ordres privilégiés, se trouvant deux contre un, annulaient le troisième. On demanda pour celui-ci, le plus nombreux incomparablement, d'abord qu'il nommât seul autant de députés que les deux autres ensemble; puis que le vote eût lieu par tête et non par ordre. Mais cela ne faisait point l'affaire des privilégiés, dont cette balance numérique devait détruire la prépondérance; et le parlement trahit ses véritables visées en insistant pour que les états généraux fussent composés et constitués *selon la forme observée en* 1614, la seule légale, disait-il, puisqu'elle avait été la dernière. S'il était remonté plus haut dans ses recherches historiques, il aurait trouvé qu'à l'assemblée de 1355, le tiers comptait un nombre de représentants égal à celui des deux autres ordres réunis.

Les annales de nos états généraux offrent, à cet égard, une telle bigarrure, qu'il est impossible d'en déduire un système.

Au fond, ces contestations cachaient une espérance coupable, celle de congédier l'assemblée dès qu'on en aurait obtenu de l'argent.

La France s'agita sous l'influence de cette question : le doublement du tiers état, question qui contenait en effet toute la révolution dans ses flancs.

Ce fut alors qu'un inconnu, l'abbé Sieyès, fit paraître une brochure sous ce titre : *Qu'est-ce que le tiers état?* — *Tout*, répondait l'auteur. — « Qu'a-t-il été jusqu'à présent dans l'ordre politique? — Rien. — Que demande-t-il? — A devenir quelque chose. »

Cette brochure eut une action immense sur l'opinion. Déjà, avant Sieyès, un autre écrivain connu, lui, par des œuvres marquées au coin du génie, Mirabeau, avait dit à propos du tiers état dans l'Assemblée future : « Je soutiens, chose incroyable sans doute, que l'ordre qui forme presque entièrement la nation est au moins la moitié de la nation. »

Tous deux, d'ailleurs, ne faisaient que répéter Jean-Jacques Rousseau : « C'est le peuple qui compose le genre humain; ce qui n'est pas peuple est si peu de chose que ce n'est pas la peine de le compter. » Nos révolutionnaires sont bien les fils des philosophes.

Necker inclinait pour le doublement, qu'il avait proposé dans ses plans d'assemblées provinciales. Mais il n'osa pas faire prendre au roi l'initiative d'une mesure qui lui aurait valu beaucoup de popularité.

Il rappela les notables pour les consulter sur la composition et la forme des états généraux, comme s'il eût été douteux que les privilégiés s'opposeraient à tout ce qui devait diminuer leur importance.

La très-grande majorité des notables se prononça, en effet, pour le maintien des anciens usages. Mais l'opinion contraire fut si forte que, quinze jours après, Necker décidait le roi à trancher la question dans le sens de la double représentation. Il eut soin d'annoncer en même temps la suppression des lettres de cachet, la liberté de la presse et le retour périodique des états généraux, « tâchant ainsi de dérober aux députés futurs le bien qu'ils voulaient faire, afin d'accaparer l'amour du peuple pour le roi. » C'est la fille de Necker, madame de Staël, qui révèle ainsi sa pensée.

Le nombre des députés fut donc fixé à 1,200, dont 600 pour le tiers état et 300 pour chacun des autres ordres. Mais cette concession n'avait aucune importance si l'on persistait à les faire voter séparément et par ordres : le débat n'était qu'ajourné.

Le règlement électoral publié à cette occasion ressuscita les bailliages et sénéchaussées, vieilles circonscriptions féodales et judiciaires, qui avaient servi à la formation des états généraux de 1614, mais qui étaient devenues caduques et dénuées de signification par suite de nouvelles divisions territoriales et d'annexions. Il en résulta de grandes irrégularités.

Chacun des trois ordres avait son mode particulier de composition.

Etaient de droit électeurs du clergé les archevêques et évêques, et tout ecclésiastique possédant bénéfice; les simples curés et les communautés séculières et régulières votaient par délégués.

Etait de droit électeur de la noblesse tout gentilhomme âgé de vingt-cinq ans : égalité entre eux.

Quant au tiers état, les bourgeois et les paysans âgés de vingt-cinq ans et inscrits au rôle des contributions qui le composaient, devaient se réunir en assemblées primaires et préparatoires, puis se réduire, par des scrutins successifs, au maximum de deux cents électeurs dans chaque bailliage

Ainsi, pour le tiers état et pour le bas clergé le vote à deux degrés, pour les autres le vote direct.

Lorsque les trois corps électoraux s'étaient constitués, ils tenaient ensemble une réunion solennelle, ordinairement dans la plus grande église ; après quoi, chacun d'eux se retirait dans son local particulier, à moins qu'ils ne se trouvassent d'accord pour procéder à l'élection en commun.

L'élection faite, une *assemblée générale des trois états* avait lieu sous la présidence du bailli ou du sénéchal, pour la proclamation des noms des députés ; et ceux-ci prêtaient serment à leurs commettants de remplir avec zèle et probité le mandat qui leur était confié.

On votait à haute voix dans les assemblées primaires et préparatoires; l'élection définitive se faisait au scrutin secret.

Toutes ces assemblées avaient été invitées à faire connaître leurs vœux ; chacune d'elles délibéra le cahier qui devait les contenir avant de procéder à l'élection ; de sorte que, dans ces communications, les candidats purent se faire apprécier par leur caractère personnel et par leurs talents, comme par leurs idées. Beaucoup de candidats, en effet, tinrent la plume pour la rédaction des cahiers.

Les élections ne s'accomplirent pas partout en même temps ; les bailliages furent convoqués les uns après les autres. Cela dura trois mois. L'élection de Paris fut la dernière.

Il y eut beaucoup d'agitation dans les assemblées de la noblesse et du clergé, parce qu'il s'y trouvait des partisans et des adversaires des réformes. Les réunions du tiers état se distinguèrent par le calme et la dignité, parce que, dans son sein, il y avait accord sur le but. La classe moyenne dirigea généralement les élections.

Les cahiers, écrits par les commissaires délégués des assemblées, et approuvés par les électeurs, au nombre d'environ six millions, peuvent être considérés comme l'expression des volontés de la France en 1789. La France a dressé là le programme de sa révolution ; et si nous comparons ce qu'elle demandait alors avec ce qu'elle a réalisé, nous voyons que la révolution, loin de dépasser ce programme, nous a laissé le soin de le compléter sur bien des points. Quand elle a usé de violence, c'était pour vaincre des résistances insensées. Mais elle est demeurée fidèle aux principes des cahiers, et presque toutes ses batailles politiques se sont livrées sur ce terrain.

Voici ce qui nous apparaît de ces cahiers :

Ceux des assemblées primaires offrent beaucoup de confusion ; ils contiennent le plus souvent des pétitions d'intérêts locaux ou l'exposé de griefs particuliers à l'industrie du groupe qui les émet. Dans les réunions de délégués, la pensée se généralise et s'élève, et l'on voit dominer la revendication des intérêts de tous.

Les cahiers de la noblesse, ainsi que ceux du tiers état, débutent ordinairement par des manifestations de principes. Viennent ensuite les affaires de l'ordre, et quelquefois celles de la localité.

Presque tous les cahiers du clergé mettent en première ligne « le bien du clergé et de la religion. » La question des propriétés et des prérogatives ecclésiastiques y occupe beaucoup de place (1). Plusieurs cependant sont empreints du généreux enthousiasme qui est un caractère de l'époque.

Ceux du tiers état ne respirent que la joie de la délivrance et les plus naïves espérances d'avenir.

La majorité des trois ordres demande une déclaration des droits.

Sur la question de liberté, tout le monde semble d'accord ; sur celle d'égalité, le langage

(1) Il faut dire avec regret que les derniers serfs émancipés en France furent des serfs du clergé, ceux des chanoines de Saint-Claude, en Franche-Comté. Quiconque habitait un an et un jour les terres de l'abbaye perdait sa liberté. Cet usage féodal, en partie aboli sur les réclamations de Voltaire, ne le fut complètement qu'en 1789.

varie. La cause du peuple trouve quelques chaleureux soutiens dans les assemblées du clergé où dominent les simples curés, recrutés presque tous dans les familles de la démocratie. Quand les deux ordres privilégiés entrent en lutte, ce qui n'est pas rare, leur rivalité s'exprime très-vivement : le clergé condamne les droits féodaux et les priviléges de naissance; la noblesse attaque la dîme et les couvents; elle propose l'abolition des corporations religieuses et la vente de leurs biens; elle demande la suppression politique du clergé et la répartition de ses membres entre les deux autres ordres.

Universellement on s'élève contre les influences administratives; on dénonce le despotisme ministériel; on se préoccupe de l'indépendance des députés : il doit leur être interdit de recevoir pour eux ou pour leurs proches aucune faveur de la cour. Les électeurs n'entendent leur confier qu'un mandat temporaire, fixé constitutionnellement, et qui ne puisse être ni abrégé ni prolongé au gré du pouvoir exécutif. L'inviolabilité des députés est unanimement réclamée, l'exécration des coups d'Etat unanimement prononcée.

La vieille division des bailliages et sénéchaussées ne rencontre guère que du blâme. Plusieurs provinces revendiquent leur autonomie, fondée sur l'histoire; mais ce sentiment est dominé par celui de l'*unité nationale*. Pour rendre témoignage à cet égard, quelques assemblées émettent le vœu que, dans la salle des états généraux, les députés se placent pêle-mêle, sans distinction d'origine. On proclame le principe que les députés sont les représentants de toute la nation.

Passons rapidement en revue chacune des

trois séries dont se composent les cahiers.

Le clergé voudrait que la religion romaine restât seule en possession du culte public ; il demande que l'éducation soit exclusivement confiée à des communautés religieuses, et que nul professeur ne soit admis dans l'Université s'il n'a donné des preuves de son dévouement à la foi catholique. Il demande le maintien de la censure sur tous les ouvrages de librairie, et qu'un comité ecclésiastique soit chargé de dénoncer au ministère public les livres opposés à l'Eglise.

Presque toutes ses assemblées constatent le relâchement de la discipline ecclésiastique et la nécessité d'une réforme ; presque toutes réclament des conciles nationaux et des synodes provinciaux ; presque toutes voudraient que les dignités du sacerdoce ne fussent plus l'apanage exclusif de la noblesse; presque toutes aussi renoncent aux exemptions pécuniaires dont jouissait l'ordre clérical. Les assemblées où les curés sont en majorité souhaitent l'abolition du concordat, le rétablissement des libres élections ecclésiastiques, et la limitation de l'autorité des évêques. L'influence du clergé inférieur se fait sentir dans un grand nombre de cahiers, qui, sauf les questions de tolérance et d'enseignement, sont en harmonie avec ceux de la démocratie, surtout en ce qui concerne la charité publique.

La noblesse, comme le clergé, admet l'égalité de l'impôt: le sentiment d'équité triomphe des intérêts. Mais elle entend conserver ses droits féodaux et rejette l'idée de leur rachat ; elle tient aux justices seigneuriales, au droit de chasse exclusif dans les fiefs; elle tient aux honneurs et distinctions attachées à sa caste et refuse aux non-nobles les grades militaires. La majorité se prononce contre la réunion des trois ordres en une seule assemblée et contre le vote par tête. A cet égard, le clergé est divisé, le tiers est unanime. Sur les principes nouveaux de la société civile, l'accord semble complet entre le tiers et la noblesse.

La devise du tiers est déjà celle de la révolution : *liberté*, *égalité*, *fraternité*, et le nom d'*assemblée nationale* est très-nettement articulé dans ses cahiers. Il pose hardiment ses principes :

Tout pouvoir émane du peuple ; une déclaration des droits doit précéder tout autre vote. Les états généraux se réuniront de plein droit et sans convocation à des époques déterminées. L'élection aura lieu par arrondissements et non par corporations. Certains cahiers demandent le vote direct, d'autres le vote à deux degrés. Le pouvoir exécutif ne devra jamais intervenir dans les assemblées électorales. Les députés seront inviolables, les ministres responsables. — Les états poseront les bases d'une constitution pour le royaume. — Les troupes ne pourront jamais, sans crime de rébellion, être employées contre la constitution et les assemblées nationales.

Les cahiers du tiers réclament la liberté de conscience, la liberté de la presse, celle du commerce et de l'industrie, avec des mesures protectrices à l'égard de l'étranger ; ils réclament la liberté individuelle, l'abolition des lettres de cachet et des prisons d'Etat, des défenseurs pour les prévenus, une indemnité pour les accusés absous, la suppression des tribunaux exceptionnels, la publicité des débats, le jugement par jurés, l'inviolabilité de la propriété, le respect des correspondances privées.

Ils réclament l'égalité des citoyens devant la loi, l'égale admissibilité de tous aux fonctions et aux dignités de l'Etat, le partage égal des héritages entre les enfants, l'abolition du droit d'aînesse et des substitutions; ils entendent effacer complétement les traces de la féodalité et du servage. Ils demandent que tout privilége cesse en matière d'impôts, et plusieurs émettent l'opinion qu'il n'y ait que deux impôts, l'un sur le fonds et l'autre sur le revenu mobilier. Tous désirent une refonte du code criminel, un code de commerce, des tribunaux de conciliation, la gratuité de la justice, l'uniformité de la législation, celle des poids et mesures; et à côté de ces vœux d'unité nationale vient se placer le vœu très-formel aussi de constituer des assemblées provinciales et municipales, ce qu'on appellerait aujourd'hui la décentralisation.

Les sentiments d'humanité occupent une grande place dans les cahiers. On y propose un adoucissement général des peines : le supplice capital, appliqué dans cent quinze cas différents, ne serait réservé que pour l'incendie, l'assassinat, l'empoisonnement et le viol. La confiscation serait supprimée et nulle tache ne rejaillirait sur les familles des condamnés. Le temple de la justice, récemment souillé par un grand nombre d'erreurs et d'iniquités, fournissait des arguments terribles aux réformateurs de la loi. Tout le monde sait combien Voltaire avait déployé de courage et de sensibilité dans la défense des Calas, des Sirven, des Labarre; Malesherbes avait fait traduire en français le beau livre de Beccaria sur *les délits et les peines;* un président au Parlement de Bordeaux, Dupaty, et des avocats célèbres, comme Elie de Beaumont et Servan, avaient uni leurs voix à celles des philosophes. Ne négligeons pas une occasion de citer les noms qui méritent la reconnaissance publique.

Plusieurs cahiers expriment aussi le souhait que le gouvernement prépare la suppression de l'esclavage colonial.

Beaucoup s'élèvent contre la loterie et les maisons de jeu; beaucoup se prononcent pour l'établissement d'une éducation nationale : on voudrait des colléges dans les villes importantes et des écoles gratuites dans chaque paroisse; beaucoup demandent qu'un enseignement de la morale et du droit public soit fondé, et que toutes les chaires soient données au concours; beaucoup demandent des hospices dans les campagnes, des bureaux et des ateliers de charité, du travail aux valides, des secours aux infirmes, des emprunts faciles aux laboureurs et artisans.

Qu'on ne nous reproche pas cette longue énumération : le tableau qu'elle présente est, par contraste, celui de la situation dont la France voulait sortir. L'unanimité des cahiers sur presque tous les points importants atteste l'unité de la nation : c'est bien le même sang qui anime ce grand corps, malgré la diversité des vaisseaux de circulation.

Tous ces vœux sont exposés dans un langage plein de modération et qui témoigne d'un grand sentiment de justice et de force. Le tiers état semble très-désireux de se maintenir en bon accord avec la noblesse et le clergé ; et, tout en proclamant sous diverses formes la doctrine de l'égalité, il ne propose pas l'abolition des ordres : un seul cahier contient cette motion; c'est celui de Rennes. Nulle part ne se témoignent d'hostilité contre la monarchie, ni de malveillance pour la personne du roi; partout, au contraire, on le remercie d'avoir appelé les Français à la liberté. Le peuple a l'œil sur son but; mais il espère l'atteindre par des réformes. C'est après bien des déceptions qu'il cherchera une issue dans les voies révolutionnaires.

Les principes de 89, tels qu'ils sont épars dans les cahiers, tels que nous les trouvons mieux coordonnés dans la *Déclaration des droits*, peuvent se résumer ainsi :

La souveraineté de la nation.

L'égalité devant la loi, conséquence de l'égalité des droits.

La liberté individuelle et la garantie de la propriété.

L'élection, base de toute autorité.

Le libre suffrage pour l'universalité des citoyens.

La responsabilité des dépositaires du pouvoir.

L'intervention des gouvernés dans le gouvernement, et le contrôle des dépenses publiques par les représentants du peuple.

L'indépendance des opinions religieuses et politiques, et la libre communication des pensées par la parole, par l'écriture et par la presse.

Nul doute que la charité chrétienne ne soit au fond de tout cela. Cependant, le christianisme s'était accommodé des inégalités sociales; il n'avait pas même rendu l'esclavage impossible; il n'avait pas eu pour conséquence la liberté religieuse et la liberté politique.

L'évangile nouveau renferme donc quelque chose de plus. Peut-être que de la fusion des Latins avec les Gaulois se dégagera un progrès moral, dont on aperçoit le germe dans les antiques monuments de notre histoire plus que dans ceux d'aucun autre peuple. Dès aujourd'hui, toutes les constitutions, républicaines ou monarchiques, même les chartes d'origine réactionnaire, portent plus ou moins profondément la marque des principes de 89. Ces principes régiront désormais toute société politique ; aucun législateur ne pourra se dispenser de les inscrire au frontispice de son code, et aucun homme d'Etat ne pourra leur être infidèle sans commettre un crime et sans courir à sa perte.

CHAPITRE IV

LES ÉTATS GÉNÉRAUX ET L'ASSEMBLÉE NATIONALE. — SÉANCE DU JEU DE PAUME. — PRISE DE LA BASTILLE.

Les Américains ont donné un beau spectacle au monde en publiant leur *déclaration d'indépendance*, acte de naissance d'une grande société libre, rédigé par un groupe de sages, le 4 juillet 1776, date immortelle.

Le spectacle que la France vient de nous offrir n'est pas moins beau ; il l'est peut-être plus encore : un peuple entier, réuni dans ses comices, condamne à périr ses vieilles institutions, et trace avec calme et liberté les lignes fondamentales de celles qui doivent leur succéder.

La spontanéité de la nation fut grande, plus qu'on ne le croit généralement. Quand une idée s'empare d'un peuple, elle le vivifie avec la rapidité du sang dans les veines du corps humain. Beaucoup de provinces se mirent en action sans attendre le signal de la capitale : des gardes urbaines se formèrent, des magistratures locales s'improvisèrent ; et, comme si un instinct supérieur eût fait comprendre à tout le monde qu'entre la chute de l'ancien régime et l'intronisation du régime nouveau, la France allait se trouver dépourvue de gouvernement, les assemblées d'élection organisèrent dans beaucoup de localités des commissions intermédiaires, qui demeurèrent en fonction après le départ des députés aux états généraux, et qui furent à peu près les seules autorités en matière de police et de travaux publics pendant la période de transition. Les administrations anciennes abdiquèrent d'elles-mêmes entre leurs mains : il semble que ceux qui s'en allaient fussent d'accord avec ceux qui venaient. Pendant que l'Assemblée discutait les théories à Versailles, la nation commençait à les mettre en pratique.

Tout cela se fit avec une intelligence des nécessités de la situation que l'on ne saurait trop admirer ; et pourtant *à la française*, c'est-à-dire avec entrain et enthousiasme. Un écrivain du temps compare la passion joyeuse et attendrie de ces premiers jours à la *folie de la croix* qui s'empara du vieux monde à l'origine du christianisme.

Les états généraux s'ouvrirent le 5 mai 1789, au vibrement de cet enthousiasme. La veille, la population de Paris s'était transportée en masse à Versailles; et c'est à travers ses rangs que l'Assemblée se rendit à l'église de Notre-Dame pour y entendre la messe du Saint-Esprit. Le tiers état, revêtu des simples manteaux noirs qu'imposait l'étiquette, fut salué par de bruyantes acclamations; mais un morne silence accueillit MM. de la noblesse, l'épée au côté, ornés de panaches, de dorures et de dentelles, ainsi que les hauts dignitaires de l'église, affectant par leur marche à distance et par le luxe de leur costume sacerdotal, de ne pas se confondre avec les humbles soutanes. A la présentation des trois ordres chez le roi, on avait ouvert les deux battants de la porte aux membres du clergé et de la noblesse, un battant seulement aux membres du tiers.

Le roi inaugura les états par des paroles insignifiantes. Son garde des sceaux, M. de Barentin, ne dit aussi que des lieux communs; quant à M. Necker, directeur général des finances, il fit un discours très-étendu et très-substantiel, mais tout spécial. Comme pour écarter la pensée d'une grande mission réformatrice, les trois harangues ne roulèrent que sur le vide du Trésor et sur les moyens de le remplir : pas un mot de la Constitution. Ce silence trahissait l'intention de la cour : se servir des états généraux pour faire plier et contribuer les ordres privilégiés, et réduire l'Assemblée au rôle d'une machine financière. Mais au lieu des communes d'autrefois, parlant au monarque humblement à deux genoux, il y avait là des hommes qui sentaient la force et la dignité de leur mandat.

L'Assemblée se composait de mille deux cent cinq membres.

Dans l'ordre du clergé, les curés de villes et de villages comptaient pour les deux tiers; un tiers seulement appartenait au clergé supérieur.

Presque tous les députés de la noblesse étaient des gentilshommes d'épée; la haute magistrature n'en avait fourni qu'une dizaine.

Dans le tiers figuraient plus de deux cents avocats, notaires, hommes de loi ; cent cinquante-huit magistrats de cours inférieures ; environ quatre-vingts commerçants, quarante cultivateurs et cinquante bourgeois ou rentiers ; quelques médecins, hommes de lettres, militaires ; quelques ecclésiastiques, et parmi eux Sieyès ; quelques nobles, et parmi eux Mirabeau, tous deux provençaux ; ce dernier, exclu de l'assemblée de sa caste, avait été l'objet d'une double élection populaire, à Aix et à Marseille.

Lorsqu'on procéda à la vérification des pouvoirs, des dissidences éclatèrent : la majorité dans la noblesse et dans le clergé tenait à ce que chacun des trois ordres ratifiât séparément les pouvoirs de ses membres. Le tiers état et une minorité dans chacun des autres ordres, très-faible chez la noblesse, très-considérable chez le clergé à cause de la présence des curés, demandaient que l'on se réunît pour un examen en commun. La décision de cette question préliminaire allait entraîner, chacun le sentait, celle du vote par tête ou par ordre. Des conférences eurent lieu entre commissaires délégués ; on s'observait de part et d'autre avec défiance. La cour manœuvrait pour empêcher la réunion ; elle semblait même résolue à s'y opposer par la force, car elle environnait de troupes Paris et Versailles. Necker, tâchant d'amener une conciliation, représenta au roi que des soldats français ne marcheraient point contre les états généraux. La cour, au lieu de se rendre à ses conseils, ne mit à profit que son avertissement, et fit venir des régiments suisses et allemands, dont elle se croyait plus sûre.

Cependant le temps s'écoulait. L'assemblée, objet de tant d'espérances, demeurait dans une funeste inaction. La disette étendait ses souffrances; des bandes affamées parcouraient la campagne et y semaient la terreur. La bourgeoisie de beaucoup de villes et de villages s'organisait militairement; Paris était dans un état d'exaltation difficile à décrire; chaque parti rejetait sur les autres la responsabilité des troubles. Cette tension pénible dura près d'un mois.

Pour en finir, les Communes (c'est le nom par lequel se désignaient les députés du tiers état) décidèrent, sur la proposition de Sieyès, qu'elles adresseraient au clergé et à la noblesse une dernière invitation de vérifier les pouvoirs en assemblée générale, et qu'ensuite elles passeraient outre, en donnant défaut contre les *non-comparants*.

Ceci avait lieu le 10 juin; l'appel commença le 12, à sept heures du soir. Personne des deux premiers ordres ne se présenta. La vérification continua le lendemain. Ce jour-là, trois membres du clergé du Poitou, trois curés, vinrent déposer leurs pouvoirs sur le bureau et prendre séance, aux applaudissements de l'assemblée. Le lendemain, six autres ecclésiastiques se réunirent, parmi lesquels Grégoire, curé d'Embermesnil en Lorraine, chrétien sincère et républicain ardent, qui voyait dans l'évangile le code de la démocratie. Leur exemple fut suivi.

Le 15, la vérification des pouvoirs étant terminée, Sieyès proposa aux Communes de prendre ce titre un peu verbeux : *Assemblée des représentants connus et vérifiés de la nation française.*—Mirabeau proposa celui de *Représen-*

tants du peuple français, qui a justement prévalu plus tard. Mais le mot de *peuple* était alors mal défini et mal compris, comme désignant seulement une partie de la nation qui n'était ni la noblesse ni le clergé. On ne l'accueillit point. —Enfin une expression qui avait paru dans les cahiers et qui courait parmi les électeurs, jaillit d'une bouche à peu près inconnue (celle du député Legrand). Sieyès s'en empara, et les Communes, adoptant sa formule, déclarèrent se constituer en *Assemblée nationale.* Cette résolution, toutefois, ne fut pas improvisée; elle fut prise solennellement, le 17 juin, après trois jours de délibérations. Gardons cette date; c'est celle d'un acte décisif pour la révolution.

Paris en eut le sentiment et se livra à la joie.

Quelques jours plus tard, l'ordre du clergé tint une conférence dans laquelle, malgré les efforts de plusieurs membres de l'épiscopat, une majorité se prononça pour la vérification des pouvoirs en commun. Nous ne pouvons nous empêcher de rappeler qu'aux états de 1355–1357, tenus pendant la captivité du roi Jean, le clergé inférieur avait donné un pareil exemple : il unit ses efforts à ceux du tiers, qui appuyait les réformes d'Etienne Marcel, tandis que les nobles demeurèrent obstinément à l'écart.

Le samedi 20 juin, comme on s'attendait à voir la pluralité des ecclésistiques se fondre dans l'Assemblée nationale, le public s'y porta en foule pour les applaudir. Mais des hérauts d'armes parcouraient déjà les rues en proclamant que toute réunion serait suspendue jusqu'au lundi suivant, le roi ayant résolu de tenir ce jour-là une séance solennelle. Des soldats placés à la porte de la salle en refusèrent l'entrée au président et aux secrétaires des Communes, sous prétexte des préparatifs à faire.

Cet acte de violence, ou tout au moins d'inconvenance, monta les têtes et inspira aux députés une grande résolution : ils se transportèrent en masse dans la salle du *Jeu de Paume*, au vieux Versailles, et là, entre des murs nus, sans siéges, sans bureau, les représentants de la France nouvelle, entourant leur président Bailly, tendant vers lui leurs bras, jurèrent *de ne jamais se séparer et de s'assembler partout où les circonstances l'exigeraient, jusqu'à ce que la Constitution du royaume fût établie et affermie sur des fondements solides.*

La foule avait suivi l'Assemblée dans ce temple de la démocratie; des militaires, emportés par l'enthousiasme universel, s'étaient détachés pour lui former une garde.

Le serment fut écrit et reçut les signatures de tous les députés, un seul excepté, fort obscur après comme avant, nommé Martin (d'Auch); et l'Assemblée, aussi grande par son respect pour la liberté des opinions d'autrui que par son énergie à proclamer la sienne, laissa inscrire cette opposition unique sur le procès verbal de la séance. Qui ne connaît cette admirable scène par le tableau de David?

La séance royale annoncée fut renvoyée du lundi 22 au mardi 23. L'assemblée, toujours privée de sa salle, privée aussi de celle du jeu de paume, où le comte d'Artois avait insolemment déclaré qu'il voulait jouer le lendemain, se réunit le lundi dans l'église Saint-Louis, où la majorité du clergé, au nombre de 149 membres, vint faire acte de présence et apporter ses pouvoirs pour la vérification en commun.

Quelques députés de la noblesse se séparèrent également de leur ordre.

Le mardi 23, jour fixé pour la séance royale, les portes de la salle des Etats s'ouvrirent à dix heures ; mais on n'y laissa pénétrer les représentants des Communes que quand les deux autres ordres eurent été placés ; et ils durent attendre ce moment sous une pluie battante. Les avenues étaient occupées par des soldats armés. La foule, irritée au lieu d'être terrifiée par cet appareil militaire, et ressentant profondément l'avanie faite aux députés, garda devant le roi un silence expressif.

On avait cru frapper les imaginations en déployant pour cette séance une grande solennité. Le langage du trône fut impératif, comme celui des lits de justice où les rois morigénaient leurs parlements. Une déclaration lue par le garde des sceaux cassa comme «illégales et inconstitutionnelles » les résolutions prises par les députés du tiers état, ordonna « que la distinction des trois ordres fût conservée en son entier », et leur permit seulement de se réunir *cette fois* pour des affaires générales, pourvu qu'il ne fût touché en rien aux droits *utiles* ou *honorifiques* appartenant aux classes privilégiées, bien moins encore à ceux de la royauté. Puis Sa Majesté daigna faire connaître *les bienfaits qu'elle accordait à ses peuples* ; et parmi ces bienfaits n'étaient mentionnées ni la constitution ni aucune des libertés demandées. Le roi annonçait seulement l'intention de sanctionner les renonciations que le clergé et la noblesse voudraient bien consentir sur leurs immunités pécuniaires. Quant à l'institution de l'armée, Louis XVI déclarait de la manière la plus expresse qu'il voulait *la conserver dans son entier et sans la moindre atteinte.* Si les états généraux m'abandonnent *dans une si belle entreprise*, ajoutait-il, *je ferai seul le bien de mes peuples, seul je me considérerai comme leur véritable représentant.* Puis il ordonnait aux députés de se séparer à l'instant et de se rendre dans leurs chambres respectives pour y reprendre leurs séances.

Le roi sortit, suivi de presque toute la noblesse et de presque tout le haut clergé. Les autres députés restèrent à leurs bancs, silencieux. Ce spectacle frappa de respect les ouvriers envoyés pour démeubler la salle. Entre le grand-maître des cérémonies, M. de Brezé : « Messieurs, dit-il, vous avez entendu les ordres du roi. » — « La nation assemblée ne peut recevoir d'ordre, » répond le président Bailly. » Mirabeau se lève avec impétuosité : « Oui, monsieur, s'écrie-t-il, nous avons entendu les intentions qu'on suggère au roi. Mais vous ne sauriez être son organe auprès de l'Assemblée nationale, vous qui n'avez ici ni place, ni voix, ni droit de parler. Allez dire à ceux qui vous envoient que nous sommes ici par la volonté du peuple, et qu'on ne nous en arrachera que par la puissance des baïonnettes. »

Le grand-maître des cérémonies se retire. « Messieurs, dit simplement Sieyès, vous êtes aujourd'hui ce que vous étiez hier. Délibérons. »

Et l'on délibère. L'Assemblée déclare qu'elle persiste dans ses précédents arrêtés; elle proclame inviolable la personne de ses membres, et coupable de crime capital quiconque oserait attenter à leur liberté.

Grâce à l'énergie et au sang-froid des députés, le coup d'Etat avait échoué.

Le lendemain, la majorité du clergé se rendit dans le sein de l'Assemblée. Le surlendemain, ce fut la minorité de la noblesse, au nombre de 47 membres, parmi lesquels le duc d'Orléans; enfin le 27 juin les deux ordres dissidents vinrent siéger dans la salle commune, cette fois, sur l'invitation du roi lui-même; mais la noblesse, pour montrer qu'elle faisait un acte de simple condescendance, affecta de se tenir debout et de ne prendre aucune part aux délibérations.

C'est Necker qui avait donné le conseil de la réunion, conseil prudent, adopté trop tard. Ce ministre n'avait pas assisté à la séance royale, dont il prévoyait le fâcheux effet; et son absence, en le signalant comme opposant, l'avait élevé dans l'opinion. La cour se servait de son nom, avec l'arrière-pensée de se débarrasser de sa personne, dès qu'elle se sentirait assez de force pour faire plier l'Assemblée ou pour la dissoudre. Des régiments étrangers bloquaient déjà Paris et Versailles, et une batterie de canons était logée dans les écuries de la reine, vis-à-vis de la salle des Etats.

En vain les députés demandèrent le renvoi de ces troupes. En vain retentit la parole éloquente de Mirabeau : « Ont-ils prévu, les conseillers de ces mesures, les suites qu'elles entraînent pour la sécurité du trône ? Ont-ils étudié dans l'histoire de tous les peuples comment les révolutions ont commencé ? Ont-ils observé par quel enchaînement funeste de circonstances les esprits les plus sages se sont jetés hors des limites de la modération, et par quelle impulsion terrible un peuple enivré se précipite vers des excès dont la première idée l'eût fait frémir ? » — En vain, une députation de l'Assemblée alla présenter au roi une adresse aussi respectueuse que ferme dans son langage constitutionnel : « Jugez, Sire, de l'étendue du danger par les alarmes qui nous amènent devant vous. De grandes révolutions ont eu des causes bien moins éclatantes ; plus d'une entreprise fatale aux nations et aux rois s'est annoncée d'une manière moins sinistre et moins formidable. Ne croyez pas ceux qui vous parlent légèrement de la nation, et qui ne savent vous la représenter que selon leurs vues, tantôt insolente, rebelle, séditieuse ; tantôt soumise, docile au joug, prompte à courber la tête pour le recevoir. Ces deux tableaux sont également infidèles. Toujours prêts à vous obéir, sire, parce que vous commandez au nom des lois, notre fidélité est sans borne comme sans atteinte. Prêts à résister à tous les commandements arbitraires de ceux qui abusent de votre nom, parce qu'ils sont ennemis des lois, notre fidélité même nous ordonne cette résistance, et nous nous honorerons toujours de mériter les reproches que notre fermeté nous attire. » — Le roi répondit que les troupes étaient là pour protéger les délibérations de l'Assemblée; mais que, si leur présence lui causait de l'ombrage, elle pouvait transporter ses séances à Noyon ou à Soissons, auquel cas lui-même irait habiter Compiègne pour demeurer en communication avec elle.

Les conspirateurs se croyant enfin sûrs de la victoire, Necker reçut le 11 juillet l'ordre de quitter la France sur-le-champ, et en même temps la recommandation de cacher son départ à tout le monde : audace doublée de couardise et de maladresse! On n'avait pas à craindre de la part de Necker une forte résistance ; mais c'était la grande popularité du jour : elle importunait. On allait la faire grandir de cent coudées.

Cet acte fut regardé comme le signal des hostilités; il provoqua dans Paris un véritable soulèvement.

Depuis la séance du 23 juin, la capitale était dans une situation impossible à décrire : les subsistances manquaient; on se battait à la porte des boulangers; la misère des campagnes voisines, inondées de soldats, faisait refluer dans la ville une multitude de malheureux qui augmentaient la pénurie générale par leur présence. Aucune autorité, si ce n'est celle dont l'assemblée des électeurs s'était emparée spontanément. On se groupait autour de ce pouvoir révolutionnaire, qui commençait à se faire une armée parmi les gardes françaises, troupe d'élite, recrutée à Paris, résidant à Paris, aimée des Parisiens et disposée à fraterniser avec eux.

Une crise était imminente.

Le 12 juillet, le jardin du Palais-Royal se remplit de monde, grande est l'effervescence. Un jeune homme monte sur une table et harangue la foule; il raconte l'exil de Necker, peint l'attitude menaçante des troupes royales et s'écrie que c'est le signal d'une Saint-Barthélemy des patriotes. Ce jeune homme est un ancien lauréat de Louis-le-Grand, devenu l'oracle du quartier latin, pamphlétaire républicain quand personne ne parlait encore de république. Nous retrouverons plus tard le nom de Camille Desmoulins; sa courte carrière s'est écoulée entre ce début héroïque et la tragédie de l'échafaud. Il arrache une feuille d'arbre pour s'en improviser une cocarde, brandit une épée, crie aux armes et entraîne tout le monde sur ses pas.

On promène le buste du ministre disgracié, couvert d'un crêpe noir, et celui du duc d'Orléans, signalé par son adhésion aux Communes.

C'est un dimanche : les rues, les places, les promenades sont encombrées; on se trouve en face du régiment royal-allemand (régiment qui, bientôt après, devait passer à l'ennemi avec armes et bagages); la jeunesse raille ces soldats étrangers, elle leur jette des pierres; ils ripostent à coups de fusil; les gardes françaises veulent protéger les Parisiens; l'un de ces gardes est tué; ses camarades le vengent. Aux Tuileries, les dragons du prince de Lambesc chargent la foule et la bousculent. Le prince de Lambesc est un Autrichien, parent de la reine, nouveau motif d'irritation. Au milieu de cette bagarre, les électeurs se rendent à l'hôtel de ville; ils établissent un *comité permanent*, origine de la fameuse *commune de Paris*, puis une milice composée de 48,000 citoyens, auxquels on donne pour signe distinctif une cocarde aux couleurs de la ville, bleue et rouge; ce sera le premier noyau de la garde nationale; les soldats aux gardes françaises se feront ses instructeurs. Le peuple arrête un convoi de farines destiné au Champ de Mars, où trois régiments sont campés; il découvre un bateau chargé de poudre pour Versailles. Mais les armes manquent. M. de Flesselles, prévôt des marchands, s'efforce de dérouter ceux qui lui en demandent, en les poussant à la recherche de dépôts qui n'existent pas; chaque déconvenue accroît le mécontentement.

Les bruits qui circulent ne sont pas de nature à le calmer : on assure que, dans la nuit du 14 au 15, les principaux députés doivent être arrêtés à domicile, ainsi qu'un grand nombre d'électeurs; que le roi se transportera à l'Assemblée nationale pour la dissoudre; que les barrières de Paris seront bloquées, et la ville mise sous le feu des batteries de Montmartre. Depuis plusieurs jours, on a vu entrer des munitions à la Bastille; le gouverneur de cette fameuse prison d'Etat, M. de Launay, répare ses ponts-levis, pratique de nouvelles meurtrières et fait saillir ses canons à travers les créneaux des tours. On a remarqué aussi que le gouverneur de l'hôtel des Invalides, M. de Sombreuil, range ses troupes sous les armes derrière les fossés. Deux masses populaires se portent, l'une vers la Bastille et l'autre vers les Invalides. Cette dernière, arrivée devant l'hôtel, fait une sommation menaçante, accompagnée d'un commencement d'escalade; et le gouverneur, peu sûr du dévouement des invalides, ouvre la grille aux assaillants, qui pénètrent partout, trouvent 28,000 fusils et vingt pièces d'artillerie.

L'autre rassemblement s'est approché de la Bastille. Des parlementaires invitent le gouverneur à retirer ses canons et demandent des armes; on leur répond par une décharge foudroyante. Le peuple indigné commence alors une attaque furieuse, qui dure cinq heures et coûte la vie à une centaine de citoyens, sans compter autant de blessés. Enfin les assiégeants réussissent à placer une batterie devant le pont-levis, qui ne tarde pas à s'abaisser. La foule envahit les cours, ivre de vengeance ; elle verse pourtant très-peu de sang : les suisses mêmes sont épargnés. Mais on brise les portes des cachots, on délivre les prisonniers ; on parcourt avec curiosité ces voûtes lugubres, on lit les touchantes inscriptions tracées sur les murailles par les victimes du despotisme. Cette terrible journée, à certains moments eut souvent l'air d'une fête : les blessés étaient portés en triomphe; on semait leurs brancards de fleurs; on les ornait de rubans tricolores.

De tristes scènes devaient pourtant la terminer. Le gouverneur, prisonnier à son tour, marchait conduit par une escorte vers l'hôtel de ville. Pendant le trajet, des forcenés s'emparent de lui, le massacrent et mettent sa tête au bout d'une pique. On trouve dans sa poche un billet de M. de Flesselles contenant ces mots : « J'amuse les Parisiens avec des cocardes et des promesses. Tenez bien jusqu'au soir et vous aurez du renfort. » — C'est l'arrêt de mort du dernier prévôt des marchands.

La semaine suivante, sur les ruines de la forteresse dont les sombres remparts et les donjons à cinq étages révélaient la destination en attristant le quartier, on établit un bal public, annoncé par cette inscription : *Ici l'on danse.* Des ouvriers industrieux vendaient de petits modèles de la Bastille, en bois ou en pierres de ses démolitions. La Fayette envoya à Washington la clef de sa première porte. Le peuple, en détruisant la Bastille, n'avait fait que remplir un vœu exprimé dans un grand nombre de cahiers des états.

Tandis que ces événements s'accomplissaient à Paris, que se passait-il à Versailles ?

Le 9 juillet, l'Assemblée nationale écoutait un travail de Mounier sur la constitution, qui posait les bases d'un gouvernement représentatif. Le 11, elle écoutait un projet de déclaration des droits, proposé par La Fayette, qui établissait le principe de la souveraineté du peuple et contenait le germe des principales libertés politiques : deux œuvres remarquables, qui avaient le tort de se produire dans un moment où l'action devait dominer les méditations.

Le 12 était un dimanche : Rien.

Le 13 se passa en agitations. On envoya au roi une députation pour lui demander le renvoi des troupes, seul moyen de rétablir la tranquillité dans Paris, et d'arrêter le sang qui coulait déjà. Louis XVI répondit sèchement qu'il ne changerait pas ses dispositions ; et la reine, et la duchesse de Polignac son amie, et les princes, allèrent visiter les hussards de Nassau, casernés dans l'Orangerie, leur firent distribuer du vin et les comblèrent de flatteries et de cadeaux. Le projet de coup d'Etat tenait toujours pour la nuit suivante.

Cette nuit, la séance ne fut pas levée, l'Assemblée connaissant les intentions de la cour. Cependant elle affecta de s'occuper de choses étrangères : elle régla le mode de formation du comité de constitution et nomma au scrutin les membres de ce comité.

A chaque instant, arrivaient des nouvelles alarmantes. Quatre députations successives allèrent solliciter du roi l'éloignement des troupes, sans obtenir de réponse satisfaisante. La cinquième était sur le point de partir. « Dites-lui bien, s'écria Mirabeau ; dites-lui que les hordes étrangères dont nous sommes investis ont reçu hier la visite des princes, des princesses, des favoris, des favorites, et leurs caresses, et leurs exhortations, et leurs présents ; dites-lui que, toute la nuit, ces satellites étrangers, gorgés d'or et de vin, ont prédit dans leurs chants impies l'asservissement de la France, et que leurs vœux brutaux invoquaient la destruction de l'Assemblée nationale ; dites-lui que, dans son palais même, les courtisans ont mêlé leurs danses au son de cette musique barbare, et que telle fut l'avant-scène de la Saint-Barthélemy. »

Enfin le triomphe du peuple parisien ne fut plus douteux. « C'est donc une révolte? dit Louis XVI au duc de Liancourt. — Sire, c'est une révolution. » — Et Louis XVI se décida à se rendre lui-même dans le sein de l'Assemblée. Des applaudissements accueillirent son entrée. « Attendez que le roi nous ait fait connaître ses bonnes intentions, dit Mirabeau ; le silence des peuples est la leçon des rois. »

Mais quand Louis XVI eut déclaré qu'il avait ordonné la retraite des troupes, et surtout lorsqu'ayant pour la première fois prononcé le nom d'*Assemblée nationale*, il eut dit ces simples paroles : « Je me fie à vous! » des transports éclatèrent : on raconte qu'un député de Besançon, nommé Leblanc, mourut de joie subitement. Tout le monde semblait croire que la révolution allait marcher paisiblement par l'accord du peuple et du roi. Ce dernier fut reconduit jusqu'au château par les députés à pied, et cent d'entre eux partirent aussitôt pour annoncer à la capitale l'heureuse nouvelle de cette réconciliation.

Ils furent bien venus. Bailly, président de l'Assemblée, fut proclamé maire de Paris, et La Fayette, son vice-président, commandant de la *milice parisienne*, pour laquelle il proposa le nom de *garde nationale*, qui généralisait la pensée de l'armement civique. L'Assemblée demanda le rappel de Necker, auquel le roi consentit.

Sur le vœu exprimé par la ville de Paris, le

roi consentit aussi à y paraître de sa personne; mais ce ne fut qu'après deux jours d'hésitation passés au milieu de ses détestables conseillers, et déjà la défiance était revenue. Une femme exprima le sentiment des Parisiens en disant à Louis XVI : « Ah! sire, êtes-vous bien sincère? Ne vont-ils pas encore vous faire changer? »

On le reçut pourtant avec de grands témoignages d'allégresse. Bailly, en le complimentant à la barrière, lui dit : « Henri IV avait reconquis son peuple; ici le peuple a reconquis son roi. » Ces paroles exprimaient les sentiments de la foule, qui croyait avoir arraché Louis XVI aux influences contre-révolutionnaires. A l'hôtel de ville, il décora son chapeau des emblèmes tricolores; car, sur la proposition de La Fayette, le blanc, l'ancienne couleur de la France, avait été ajouté aux deux autres. « Cette cocarde fera le tour du monde,» avait promis le général patriote.

La joie et l'attendrissement étaient universels.

Pas à la cour cependant : le même jour, le comte d'Artois partait pour l'étranger, ainsi que les familles de Condé, de Conti et de Polignac. L'émigration commençait; émigration coupable, celle-là, car elle ne fuyait pas devant un danger, elle obéissait à sa haine pour les réformes.

Il semble que la destruction d'une prison d'Etat, habitée par des seigneurs plus fréquemment que par le menu peuple, dût être un événement local, peu de nature à émouvoir au loin. Tout au contraire : aucun fait de notre révolution n'eut un retentissement plus général que la chute de la Bastille. L'Europe entière chanta un *Te Deum* d'actions de grâce. Les poëtes composèrent des odes sur la victoire du 14 juillet, Alfieri en Italie, Ebeling en Allemagne; l'Université de Cambridge en fit le sujet d'un prix à ses élèves. Il y eut en Angleterre des réjouissances publiques; et même dans les rues de Saint-Pétersbourg (c'est un ambassadeur français qui le raconte) on s'embrassait en disant : « La Bastille est prise! » Les peuples ont de ces intuitions qui révèlent la solidarité de leurs destinées.

Les débuts de la Révolution française furent salués par un enthousiasme universel; tous les opprimés tressaillirent; les adresses de félicitation arrivèrent en foule; les philosophes Kant et Fichte, le savant Priestley, Fox, l'homme d'Etat, unirent leurs voix pour bénir les efforts de ce peuple, « qui faisait à ses risques et périls les affaires du genre humain. » — De toutes parts on accourait en France pour « respirer un air libre, vivre chez la première nation du monde, et admirer de près les glorieux événements qui s'accomplissaient dans son sein. » C'est Thomas Payne (qui deviendra, quoique étranger, membre de notre Convention nationale); c'est Huskisson, le futur ministre du commerce anglais; c'est l'Ecossais Mackintosh, le Péruvien Miranda, le Danois Baggesen; ce sont les Allemands Foerster, Campe, Oelsner, Anacharsis Clootz, Schlabrendorf, et tant d'autres.

Et la France a conscience de sa mission; les membres de nos assemblées nationales sentent qu'ils forment un concile européen : « Vous êtes appelés à recommencer l'histoire, » écrit l'un d'entre eux. — « Elevons-nous à l'ambition de servir d'exemple aux nations, » dit un autre. — « La révolution n'est pas seulement pour la France; nous en sommes comptables envers l'humanité, » s'écrie un troisième.

CHAPITRE V

DE LA PRISE DE LA BASTILLE A LA FÉDÉRATION

« Voici le jour audacieux de la diète fran-
» çaise; ceux qui l'attendaient tressaillent jus-
» que dans la moelle des os; lève-toi, soleil
» nouveau, soleil bienfaisant qu'à peine nous
» osions rêver! »

C'est dans ces termes que l'Allemagne, par la voix de Klopstock, l'auteur de la *Messiade*, avait salué nos *états généraux*. En France retentissaient des cris de joie, d'espoir, de confiance; tous les yeux étaient dirigés, tous les bras étaient tendus vers les élus de la nation; quiconque nourrissait une pensée de bien public se hâtait d'en faire hommage à l'Assemblée; quiconque se croyait lésé par une injustice lui portait naïvement sa plainte.

Mais du désir à l'impatience, la transition est prompte, et de l'impatience à l'action elle n'est pas plus lente; aussi ne faut-il pas s'étonner des troubles qui éclatèrent. Plusieurs provinces se soulevèrent même avant les nouvelles de la capitale; on prit les armes; on courut aux châteaux; on y brûla les archives féodales et quelquefois les châteaux eux-mêmes.

Quelquefois aussi l'œuvre commencée par le fanatisme des esprits fut continuée par le brigandage; quelquefois on protesta contre la gabelle et contre les douanes intérieures par l'incendie des barrières et par la contrebande de vive force. Les souffrances prolongées de la disette imprimèrent à ce mouvement un caractère de violence et de vengeance : on pilla des convois de farine; les fermes où l'on soupçonnait des accaparements de grains furent attaquées et ravagées. A Paris, deux hommes que le peuple depuis longtemps désignait parmi les auteurs de ses maux, furent victimes de sa colère : Foulon, ancien fournisseur d'armées, enrichi dans le monopole des blés, et son gendre Berthier de Sauvigny, intendant de la généralité de Paris. Ils furent impitoyablement égorgés.

Dans le gouvernement, dans l'Assemblée, les uns voulaient employer, pour mettre terme aux désordres, une répression énergique; d'autres songeaient à une grande satisfaction populaire. C'est le plus généreux de ces sentiments qui inspira les députés. Deux membres de la haute noblesse s'en firent les organes, le vicomte de Noailles et le duc d'Aiguillon : le 4 août, dans une séance du soir, ils montent à la tribune, déclarant que les crimes commis doivent être attribués aux misères du peuple, et qu'avant de faire des décrets pour arrêter l'insurrection, il faut en faire pour rendre le peuple heureux. Ils proposent en conséquence l'égale répartition des impôts, la faculté de rachat de tous les droits féodaux, l'abolition sans rachat des corvées seigneuriales, des mains-mortes et de toutes les servitudes personnelles.

Un député de la Basse-Bretagne, en habit de paysan, leur succède, M. Leguen de Kerengal; il fait un sombre tableau du régime féodal : qu'on nous apporte ici, dit-il, ces titres qui outragent l'humanité et la pudeur, et nous les brûlerons nous-mêmes sur l'autel de la patrie. — Le marquis de Foucault provoque des sacrifices analogues de la part des gentilshommes dont la fortune s'alimente des faveurs de la cour.

Alors commence une scène inouïe : les orateurs assiégent la tribune, et chacun d'eux vient soulever un coin du voile, dénoncer une oppression, une iniquité, un scandale; le procès de l'ancien régime est fait publiquement par les témoins de ses abus ou par ceux qui en jouissaient et qui déclarent ne vouloir plus en jouir. Une lutte de générosité s'engage : l'un renonce à la justice seigneuriale, l'autre au droit de chasse et de pêche; un autre abandonne jusqu'à son privilége d'entretenir une garenne ou un colombier.

Comme personne ne demandait plus la parole, Chapelier, qui présidait la séance, se tourna vers le clergé : « Aucun de ces messieurs n'ayant eu la faculté de se faire entendre, dit-il, je me reprocherais de clore cette intéressante discussion avant qu'ils aient exprimé leurs sentiments. »

Cette malicieuse observation mettait le clergé en demeure d'imiter la libéralité de la noblesse. Quelques évêques parlèrent en effet, mais des droits seigneuriaux beaucoup plus que des immunités ecclésiastiques. De pauvres curés offrirent le sacrifice de leur modeste casuel, que l'assemblée refusa au nom de la nation ; mais elle supprima les dîmes.

Des officiers de justice, se faisant fort de l'assentiment de leurs collègues, déclarèrent renoncer aux priviléges de leurs charges : l'assemblée abolit la vénalité des offices, et rendit la justice gratuite.

Les provinces et les villes vinrent à leur tour, par l'organe de leurs représentants, faire abandon des franchises ou priviléges dont elles puissaient. Usages locaux, bigarrures consacrées par le temps ou par les intérêts personnels, tout s'évanouit. Une nuit suffit pour balayer les injustices accumulées pendant plusieurs siècles. Chacun apporta son offrande sans discussion, sans regret. On résolut en principe l'abolition du régime féodal et le droit commun pour tous les Français.

Des écrivains contre-révolutionnaires n'ont pas eu honte de qualifier ce magnifique élan de bons sentiments : « Une orgie législative, une bacchanale d'insensés et d'ivrognes. »

Ce qui se passa les jours suivants leur donne un démenti : la première animation dissipée, ceux qui n'avaient point partagé l'entraînement général, comptant sur certains retours d'égoïsme, s'efforcèrent de soulever mille difficultés. La suppression des dîmes trouva surtout des contradicteurs, parmi lesquels nous voyons figurer Sieyès, redevenu abbé ce jour-là. Cependant, après qu'on eût discuté ce qui avait été acclamé, un vote solennel vint consacrer toutes les abdications de la nuit du 4 août. L'attitude des populations dans toute la France avait fait certainement de ces sacrifices une nécessité. Mais ils n'eussent même pas été un mauvais calcul : substituer le règne du droit à celui du privilége, c'était consolider la propriété entre les mains du propriétaire, accroître sa valeur et développer ses conditions de production.

Quand tout fut consommé, l'assemblée décida qu'une médaille serait frappée en mémoire de ce grand acte, qu'un *Te Deum* serait chanté dans les églises, et que Louis XVI serait proclamé le *Restaurateur de la liberté française*.

Honneur peu mérité dans cette occasion,

puisque Louis XVI écrivait à l'archevêq d'Arles : « Je ne me livre pas à l'enthousias qui s'est emparé de tous les ordres, mais qui n fait que glisser sur mon âme. — Je ne conse tirai jamais à dépouiller mon clergé, ma no blesse. — Je ne donnerai point ma sanction des décrets qui les dépouilleraient. » Il l sanctionna pourtant, mais après de longues r sistances ; il les sanctionna le 21 septemb seulement, lorsque Paris s'agitait, sur la no velle que les amis du roi voulaient l'enlever le conduire au camp de M. de Bouillé, l'un d chefs de la contre-révolution, pour y comme cer la guerre civile.

Le 1er octobre suivant, un banquet fut don dans la salle de l'opéra du château de Versaill par les gardes du corps aux officiers du rég ment de Flandre, à ceux des Cent-Suisses e d'autres militaires. On y porta des toasts à famille royale, pas à la nation; au desse Louis XVI et Marie-Antoinette, celle-ci tena son enfant sur ses bras, entrèrent dans la sa et firent le tour des tables ; l'orchestre joua l'on répéta en chœur l'air : « *O Richard, ô m roi, l'univers t'abandonne!* » Des cocard blanches furent distribuées par les dames de cour aux convives, qui foulèrent aux pieds l couleurs nationales; le festin devint une orgi et le lendemain, la reine, remettant des dr peaux aux gardes nationaux de Versailles, d clara « qu'elle avait été enchantée de cette jou née »

Le récit de ce festin, pendant qu'ils étaie eux, en proie à la disette, exaspéra les Par siens. Les femmes souffrent surtout des d tresses de la famille : elles prirent l'initiati d'un mouvement qui précipita la populati vers la résidence du roi. « Nous manquons de pain, disaient-elles, allons chercher le boulanger. »

Le 5 octobre au matin, la place de Grève se couvre d'une foule immense, criant : « Du pain! du pain et des armes! »

Cette foule, presque entièrement composée de femmes, se dirige sur Versailles, malgré la pluie et la boue; elle y arrive excédée de fatigue et de besoin. On se rend d'abord à l'Assemblée; une députation, conduite par un homme devenu peu de temps après tristement célèbre, l'huissier Maillard, est admise à la barre et présente ses requêtes : « Du pain et la punition de ceux qui ont insulté la cocarde nationale. » Le président, Mounier, se place lui-même en tête de la députation et se rend auprès du roi; il lui expose la situation de Paris; il demande en même temps aux ministres, au nom de l'Assemblée, l'acceptation pure et simple de la Déclaration des droits, votée depuis plusieurs jours. Louis XVI apaise les femmes par quelques bonnes paroles et par une distribution de pain; quant à la réclamation de l'Assemblée, il continue de l'éluder, et ne se décide à envoyer sa signature qu'à dix heures du soir, sur l'annonce d'un danger croissant.

Vers minuit, en effet, Versailles est inondé par un nouveau flot de Parisiens, beaucoup plus considérable que le premier. La Fayette, les voyant décidés à partir, s'était mis à leur tête, *la corde au cou*, selon l'expression de Burke; et par son ascendant il avait réussi, durant toute la marche, à maintenir l'ordre dans cette multitude très-mélangée. En arrivant à Versailles, il les disperse dans la ville; mais quelques meneurs profitent du bruit accrédité, et bien fondé d'ailleurs, que la famille royale cherche à s'enfuir, pour entraîner une bande de furieux ; ils envahissent le château, et jusqu'aux appartements de la reine, qui n'a que le temps de se réfugier dans ceux du roi. Des gardes veulent s'opposer à l'irruption ; ils sont massacrés. Une multitude bouillonnante remplit la cour et appelle : « Le roi ! ». Le roi paraît au balcon, il est acclamé. « La reine ! » Elle hésite. La Fayette, au risque de compromettre sa popularité avec sa vie, conduit sur le balcon Marie-Antoinette et ses enfants, et baise respectueusement la main de la reine ; puis il va chercher un de ces gardes du corps dont on demande la tête avec rage et l'embrasse devant la foule, qui l'admire, qui l'applaudit, qui s'émeut et qui crie : « Vive le général ! vive la reine ! vivent les gardes du corps ! »

« Le roi à Paris ! » tel est le vœu répété par toutes les bouches. La procession se remet en marche, escortant la voiture de la famille royale, et suivie par des chariots de grains et de farines. « Nous ramenons le boulanger, la boulangère et le petit mitron, » criaient les femmes. Ce n'était une moquerie qu'à moitié : le régime monarchique avait accoutumé les esprits peu éclairés à voir dans le monarque une providence sociale.

Louis XVI, avec hésitation d'abord, puis se résignant, promet de transférer sa résidence dans la capitale, et l'Assemblée se déclare inséparable de la personne du roi.

Désormais les Parisiens sauront que le premier mouvement de Louis XVI est une résistance ; mais que les démonstrations bruyantes le font céder : il se drape volontiers dans le rôle de victime. Ses concessions n'inspireront plus ni reconnaissance ni confiance. Cependant deux années vont se passer sans agitations populaires, deux années de labeurs législatifs.

La discussion de la Déclaration des droits avait commencé le 18 août; celle de la Constitution, entamée le 28 à Versailles, fut continuée à Paris. Avant de montrer l'ensemble de l'œuvre, nous nous arrêterons sur quelques-unes des grandes résolutions qui occupèrent l'assemblée, *l'Assemblée constituante;* c'est désormais son titre. Louis XVI seul, pendant assez longtemps, affecta de lui conserver le nom d'*Etats généraux*.

Les parias de la société moderne, les esclaves et les juifs, se recommandaient les premiers à des législateurs animés de sentiments d'humanité. Pour changer leur condition, il fallait vaincre des préjugés profondément enracinés.

Les colonies ayant été déclarées partie intégrante de l'Empire français, une députation de leurs habitants nègres et sang-mêlés vint, au nom du principe d'égalité, demander que les hommes de couleur, nés libres ou affranchis, fussent admis comme les blancs à l'exercice des droits de citoyens. Leur pétition trouva de chauds défenseurs dans l'Assemblée, où siégeaient plusieurs membres de la *Société des amis des noirs*, fondée en France par les soins de Brissot. Cette société, d'accord avec celle de Londres, voulait amener peu à peu les esclaves à comprendre et à pratiquer la liberté, et ne réclamait pas encore pour eux un affranchissement immédiat. Elle demandait seulement l'assimilation politique et civile des hommes libres de toutes couleurs et de toutes races. Grégoire lui-même, le fervent apôtre des nègres, se fit l'interprète de cette prudence, lorsqu'il annonça aux nouveaux émancipés le succès de ses efforts, auxquels s'étaient associés ceux de Mirabeau, Tracy, La Rochefoucauld, etc. « Un jour, leur dit-il, le soleil n'éclairera parmi vous que des hommes libres ; ses rayons ne tomberont plus sur des fers et des esclaves. L'Assemblée nationale n'a point encore associé ces derniers à votre sort, parce que les droits de citoyens, concédés brusquement à ceux qui n'en connaissent pas les devoirs seraient peut-être pour eux un présent funeste. Mais n'oubliez pas que, comme vous, ils naissent et demeurent libres et égaux. » Cette dernière phrase contenait une leçon aux mulâtres, qui n'avaient parlé que pour eux.

L'Assemblée, en votant une mesure commandée par la justice et la logique, l'avait entourée de grandes réserves, pour ne pas froisser trop vivement les préjugés créoles. Et pourtant quand son décret arriva aux colons, ils y opposèrent une résistance acharnée, brûlèrent Grégoire en effigie, et menacèrent de rompre leurs liens avec la France. Ils parvinrent à rendre illusoire l'application du décret, fermèrent aux mulâtres l'accès de toutes les assemblées locales, et leur interdirent même de porter la cocarde nationale. Les réclamations de ceux-ci furent repoussées et punies ; quelques soulèvements réprimés ; et, comme pour bien montrer qu'il s'agissait d'une question de castes, plusieurs blancs, arrêtés parmi les insurgés, furent suppliciés sur un autre échafaud que les hommes de couleur. La lutte s'envenima ; des deux côtés on appela à l'aide les esclaves, qui se battirent, les uns pour les blancs, les autres pour les mulâtres. Amenés imprudemment sur le champ de bataille, ils y apprirent à connaître leurs forces, et bientôt éclata une terrible insurrection, dans laquelle s'engloutit St-Domingue. C'est le 23 août 1791 qu'eut lieu cet événement; or, l'abolition de l'esclavage ne fut prononcée qu'en février 1794 par la Convention. Il importe de rappeler ces dates, afin de détruire une erreur que les ennemis de la révolution se plaisent à entretenir chez ceux qui les ignorent. Les troubles de nos colonies ne furent point provoqués par l'affranchissement des esclaves, postérieur de deux ans et demi, mais par la résistance des blancs à une loi d'égalité, qui supprimait simplement la *noblesse de la peau*, suivant l'heureuse expression de Grégoire.

Ce fut Grégoire aussi qui éleva le premier la parole en faveur des juifs, ce peuple dont l'histoire est écrite en lettres de sang dans les archives de presque tous les autres. L'adoucissement général des mœurs avait peu à peu rendu leur condition moins intolérable; mais la réprobation pesait toujours sur eux. Avant 1789 ils étaient encore soumis en France à des lois de restriction, sinon de persécution, qui les séparaient de la société. Ils payaient un droit d'habitation et de tolérance, aboli seulement en juillet 1790. Grégoire fit un tableau des vexations qu'ils subissaient, particulièrement en Alsace, et il obtint, non sans peine, pour les juifs, l'émancipation civile. On vit alors les synagogues reconnaissantes faire des prières publiques pour un prêtre chrétien.

Tous les déshérités de la richesse ou de l'instruction reçurent des témoignages de la sollicitude de l'Assemblée constituante.

Les travaux de son *comité d'extinction de la mendicité* ont eu assez d'importance pour trouver un historien spécial (M. Martin Doisy, en 1849).

Quant à l'éducation publique, elle fut l'objet d'un rapport qui a souvent été mentionné et qui mérite de l'être.

L'ancien régime donnait des soins à l'enseignement classique : en 1789, les différentes universités comptaient 562 colléges, qui réunissaient 72,747 élèves. Mais l'enseignement du peuple, considéré comme un devoir de charité, et, comme tel, confié au clergé, était fort négligé, ce qui avait plusieurs fois excité des plaintes dans les assemblées d'états généraux; les cahiers des bailliages en firent l'objet d'un de leurs vœux. L'institution des frères des écoles chrétiennes, organisée d'ailleurs dans un but tout catholique, n'était pas même une création du clergé : elle avait été fondée, au contraire, pour suppléer à son insuffisance, par les efforts individuels d'un chanoine de Reims, J.-B. de la Salle, en 1679 ; et, bien qu'existant depuis plus d'un siècle, elle ne donnait l'instruction qu'à trente mille enfants, pas la moitié de la population des colléges.

Tout était donc à faire de ce côté-là. La Constituante commença l'œuvre, mais elle ne put l'achever, non plus que les assemblées suivantes : le temps leur manqua. Le projet de loi, développé par Talleyrand dans un remarquable rapport, ne put pas même être voté.

La liberté est la base de ce projet : tout Français a le droit d'enseigner. — L'instruction doit être universelle, quant à son objet, et donnée à tout le monde et à tous les âges. L'éducation des femmes y tient une place considérable. — Le plan proposé embrasse tous les degrés de l'enseignement. Il est systématiquement calqué sur les divisions politiques de la

France : le premier degré, l'école élémentaire, correspond aux assemblées primaires; le second, le collége, correspond à celles de district; le troisième à celles de département : celui-ci est professionnel et comprend les écoles de théologie, de droit, de médecine et d'art militaire; le quatrième enfin s'étend au pays entier : c'est l'institut national, réunion d'hommes d'élite appartenant à toutes les branches de la science, des lettres et des arts, foyer central d'où rayonnent les lumières du progrès sur le domaine entier de la raison, du goût et de l'imagination ; à l'institut se rattachent les établissements littéraires et scientifiques, les musées, les bibliothèques, les laboratoires. C'est le couronnement de l'éducation publique.

L'instruction élémentaire est commune et gratuite.

Cette courte analyse suffit pour montrer dans quel esprit de généralité le nouveau plan était conçu. D'autres plans furent développés plus tard devant nos assemblées nationales : tous se distinguent par le même caractère.

Les changements introduits dans la situation du clergé ont donné lieu à de vives plaintes, qui ne se taisent pas encore. On avait posé ce principe, que le clergé est simple usufruitier des donations déposées entre ses mains pour en être fait emploi dans l'intérêt général. En conséquence, l'Etat usant de son droit, tous les biens ecclésiastiques furent mis par un décret « à la disposition de la nation, à charge de pourvoir d'une manière convenable aux frais du culte et à l'entretien de ses ministres, ainsi qu'au soulagement des pauvres.

Dans l'ancienne société, ces soins divers, et celui de l'éducation du peuple, étaient confiés au clergé, qui avait reçu, pour remplir sa noble mission, de grandes richesses foncières et qui percevait un impôt considérable, la dîme. Dans la société nouvelle, l'Etat prenant les obligations à sa charge, fit une autre répartition des moyens : il n'attribua plus au clergé que le service de la religion, et il assura ce service par un traitement fixe aux ecclésiastiques. De plus, la loi ayant cessé d'admettre la contrainte des vœux perpétuels, on assigna aux personnes qui persistaient volontairement dans la vie monastique, une pension proportionnée à la richesse de la congrégation dont elles avaient fait partie. Celles qui préféraient quitter le cloître devaient recevoir des moyens d'existence au dehors. Il était impossible de garder plus de ménagements dans une transformation devenue nécessaire sous l'empire des nouvelles institutions nationales. On peut ajouter que cette transformation ne se fit pas à des conditions désavantageuses pour le clergé, puisqu'un budget de 134 millions lui fut garanti. C'était moins, à la vérité, que l'ancien, évalué à 150 millions dans un rapport de Talleyrand; mais aussi toutes les dépenses étrangères aux besoins du culte passaient à la charge de l'Etat.

Plus tard, l'Assemblée réduisit le nombre des évêchés, mit leurs diocèses en harmonie avec les circonscriptions administratives, et enfin, appliquant au clergé le principe électif, établi pour toutes les fonctions publiques, décida que les évêques et les curés seraient choisis par le peuple, comme les administrateurs et les magistrats. Le roi ajourna sa sanction à ce décret pour en référer au pape, qui ajourna aussi sa réponse, encourageant secrètement la résistance de Louis XVI et donnant à celle des évêques le temps de s'organiser. Cette résistance redoubla à l'occasion du serment civique.

Un mot sur ce serment qui a suggéré tant d'erreurs et de récriminations. Ce n'était pas un engagement spécial aux ecclésiastiques; c'était l'engagement exigé de tous les fonctionnaires : tous juraient simplement d'observer les lois du pays. Mais parmi ces lois figuraient celles qui concernaient le clergé, et qui lui déplaisaient. Les prêtres en majorité se soumirent néanmoins à la formalité du serment, comme ne touchant au dogme en nulle façon; d'autres le refusèrent comme une atteinte à la foi catholique et au pouvoir du pape. De là les appellations *d'assermentés* et *d'insermentés*. De là des déchirements dans le sein de la nation et dans le sein des familles. Les prêtres constitutionnels furent mis en possession des églises paroissiales; mais, conformément au décret de l'Assemblée, ces églises demeurèrent ouvertes aux réfractaires pour y dire la messe, et les nouveaux titulaires partagèrent l'usage des ornements sacerdotaux avec ceux qui les traitaient d'intrus, d'usurpateurs et de schismatiques. Les dissidents d'ailleurs ne perdaient que la qualité de pasteurs du culte officiel : ils avaient toute liberté d'exercer leur ministère dans des locaux particuliers, et ils conservaient leurs pensions. C'est donc sans raison qu'ils crièrent au martyre et qu'on les crut sur parole.

Une séparation complète de l'Eglise et de l'Etat, voilà ce que demandent aujourd'hui les partisans de la liberté des cultes. Cette séparation eût été sans doute prématurée en 89; ce qui le prouve, c'est que réalisée cinq ans plus tard (en l'an III), elle donna au clergé catholique le moyen de regagner son influence. L'Assemblée constituante, d'ailleurs, ne l'eût pas acceptée, puisque la proposition de proclamer le catholicisme religion de la France n'y fut rejetée qu'après une vive discussion. La simple tolérance était déjà un progrès si grand, que nous devons comprendre les obstacles devant lesquels tout le monde s'arrêta, depuis Mirabeau jusqu'à Robespierre.

Le premier, cependant, avait exprimé les principes de la liberté religieuse en si beaux termes, que nous ne pouvons nous empêcher de les citer : « Il ne peut y avoir de national, dans un empire, que les institutions établies pour produire des effets politiques ; et la religion n'étant que la correspondance de la pensée et de la spiritualité de l'homme avec la pensée divine, avec l'esprit universel, il s'ensuit qu'elle ne peut prendre sous ce rapport aucune forme civile ou légale. Le christianisme, principalement, s'exclut par son essence de tout système de législation locale. Dieu n'a pas créé ce flambeau pour prêter des formes et des couleurs à l'organisation sociale des Français ; mais il l'a posé au milieu de l'univers pour être un point de ralliement et le centre d'unité du genre humain. Que ne nous blâme-t-on aussi de n'avoir pas déclaré que le soleil est l'*astre de la nation*, et que nul autre ne sera reconnu devant la loi, pour régler la succession des nuits et des jours? »

Le parti moyen que prit l'Assemblée, dans un sentiment de justice et de conciliation, amena pourtant les situations les plus fausses. Il y eut en France deux clergés, l'un qui se disait catholique, malgré le désaveu du pape; un autre qui, par ses agressions et sa turbulence, obligea les révolutionnaires de manquer aux principes de tolérance qu'ils proclamaient, et de mettre leurs actes en contradiction avec leurs lois.

L'Assemblée, en déclarant nationales les propriétés du clergé, avait imposé au Trésor public la charge d'acquitter ses dettes, intérêts et capital. Toutefois, ces propriétés ne pouvaient devenir une ressource pour l'Etat qu'à la condition d'en tirer parti. On imagina d'en faire l'hypothèque d'un papier de circulation : ce fut l'origine des *assignats*, dont on fit une première émission de 400 millions. Le gage valait cent fois les titres qui le représentaient, par conséquent la mesure financière était parfaitement loyale; elle devait faciliter les ventes, diviser la propriété, la démocratiser : c'était donc aussi une mesure politique excellente. Elle réussit. Mais son succès et des besoins croissants provoquèrent bientôt, de la part de l'Assemblée, une nouvelle émission de papier, double de la première et à cours forcé, devant laquelle recula le ministre des finances Necker. Les gouvernements postérieurs se trouvèrent engagés par cet exemple dans une voie périlleuse, inévitable peut-être.

Mais c'est surtout au point de vue social qu'il convient d'apprécier la vente des domaines ecclésiastiques, suivie plus tard de celle des domaines seigneuriaux. Ces ventes accomplirent une transformation dans le régime de la propriété.

La noblesse, le clergé séculier et les couvents immobilisaient entre leurs mains une masse énorme de biens, qui se trouvèrent rendus à la circulation : première et considérable réforme.

Avant la Révolution, malgré les mille entraves imposées à l'industrie, le roturier des villes pouvait acquérir des capitaux par son travail. Le roturier des campagnes était beaucoup plus gêné par les priviléges de la propriété foncière : rarement il arrivait à la posséder; il n'exploitait guère que la terre féodale ou cléricale. En 89, la France était encore divisée en soixante-dix mille fiefs et arrière-fiefs. Cependant quelques progrès avaient été faits, puisque l'on estime que la bourgeoisie possédait déjà deux septièmes du territoire. Trois septièmes appartenaient à la noblesse, presque la moitié de la France; un septième aux princes apanagistes, et un septième au clergé; toutes ces dernières parties exemptes des redevances et servitudes qui pesaient sur le lot du tiers état, et fort mal mises en valeur par des mercenaires.

Pour que l'agriculture prît un développement sérieux, il fallait que la terre passât dans les mains du cultivateur lui-même. C'est ce qui arriva assez rapidement. Dès le mois d'août 1791, moyennant des facilités de payement accordées aux acquéreurs, il avait été adjugé des biens nationaux pour la valeur d'un milliard sur les quatre milliards auxquels étaient estimées les possessions du clergé seul. Les nouveaux propriétaires firent aisément leur apprentissage, rien ne demeura en souffrance, et les propriétés furent mieux administrées qu'elles ne l'avaient jamais été.

L'abolition du droit d'aînesse et la loi sur les successions complétèrent ces bienfaits. Mirabeau ne vécut pas assez longtemps pour voir résoudre cette grande question; mais son opinion, qu'il avait écrite et dont la lecture posthume à l'Assemblée exerça une influence marquée sur sa décision, contient des idées trop frappantes pour être passées sous silence :

« Vous avez commencé par détruire la féodalité; vous la poursuivez aujourd'hui dans ses effets; vous allez comprendre dans vos réformes ces lois injustes que nos coutumes ont introduites dans les successions. Mais ce ne sont pas seulement nos lois, ce sont nos esprits et nos habitudes qui sont tachés des principes et des vices de la féodalité. Vous devez donc aussi porter vos regards sur les dispositions purement volontaires qui en sont l'effet.

» Voici la question fondamentale qui se présente : la loi doit-elle admettre chez nous la libre disposition des biens en ligne directe? c'est-à-dire un père ou une mère, un aïeul ou une aïeule doivent-ils avoir le droit de disposer à leur gré de leur fortune, par contrat ou par testament, et d'établir ainsi l'inégalité dans la possession des biens domestiques?

» Ce n'est pas de la nature, c'est de la société que le citoyen tient le droit de disposer de ses propriétés pour le temps où il n'est plus. La propriété est assujettie, comme les autres avantages dont la société est l'arbitre, à des lois, à des conditions. Il ne s'agit que de savoir si ce que le législateur peut, il le doit faire; s'il doit refuser au citoyen qui a des enfants la faculté de choisir entre eux des héritiers privilégiés.

» Les lois romaines l'accordent, et c'est un grand argument pour plusieurs juristes. Mais peut-être est-il temps qu'après avoir été subjugués par l'autorité des lois romaines, nous les soumettions elles-mêmes à l'autorité de notre raison. Peut-être est-il temps que nous rejetions des lois où la servitude filiale découlait de l'esclavage, autorisé par ces lois mêmes. Peut-être est-il temps que les Français ne soient pas plus les écoliers de Rome ancienne que de Rome moderne; qu'ils aient des lois civiles faites pour eux, comme ils ont des lois politiques qui leur sont propres.

» Je ne sais comment il serait possible de concilier la nouvelle Constitution française, où tout est ramené au grand et admirable principe de l'égalité politique, avec une loi qui permettrait à un père, à une mère d'oublier, à l'égard de leurs enfants, ces principes sacrés d'égalité naturelle, avec une loi qui favoriserait des distinctions que tout réprouve, et accroîtrait ainsi dans la société les disproportions résultant de la diversité des talents et de l'industrie, au lieu de les corriger par l'égale division des biens domestiques.

» Dans notre précédent gouvernement, une multitude de victimes étaient sacrifiées par la barbarie des lois féodales ou par l'orgueil paternel à la décoration d'un premier-né. Alors, les ordres religieux, les bénéfices, les couvents, les places de faveur appelaient les rebutés des familles. Voilà deux maux, dont l'un servait en quelque sorte de remède à l'autre. Aujourd'hui, grâce à la sagesse courageuse de cette Assemblée, ces lieux de refuge sont fermés. Mais aussi il ne faut plus d'opprimés qui les réclament. Si, d'un côté, les spéculations de l'intérêt ne peuvent plus souiller nos autels, que, de l'autre, des enfants réprouvés par leurs propres pères n'aient pas à regretter ces ressources justement proscrites.

» Toute l'éducation d'une famille tend naturellement à se régler sur le sort qui attend les enfants dans le partage des biens domestiques. L'inégalité de ce partage appelle l'inégalité des soins paternels, celle même des sentiments et de la tendresse. Mais tandis que le fils privilégié, qui fait plus particulièrement l'espoir et l'orgueil de ses parents, reçoit une éducation plus recherchée, lui, de son côté, sentant que son sort est fait dans le monde, et qu'il s'agit bien moins pour lui d'être que de paraître, de se rendre utile que de jouir, profite, comme on peut le croire, des soins qu'on lui donne. Quant au reste de la famille, voué en quelque sorte à l'obscurité, son éducation se ressent de la destinée qu'on lui prépare. C'est ainsi que tout se corrompt sous l'influence des mauvaises lois. »

La Constituante entreprit et acheva heureusement un grand travail d'unification nationale. Les provinces de l'ancienne France, successivement agrégées par des conquêtes ou des traités, l'avaient été à des conditions diverses, qui les régissaient encore au moment de la Révolution. Ainsi, par exemple, les dernières provinces réunies, la Bretagne, la Bourgogne, le Languedoc, possédaient des assemblées délibérantes, et pour cela on les nommait *Pays d'Etats;* encore ces assemblées variaient-elles dans leurs modes de composition et dans leurs attributions. Chaque province avait ses lois, son administration, ses impôts, aussi bien que ses mœurs, son langage et ses traditions; chacune d'elles formait une personnalité, et de leur ensemble résultait moins une nation qu'une fédération, monarchique au sommet. « Les provinces de la France, écrivait Mirabeau plusieurs années avant la révolution, sont dans un état de diversité, nous dirons presque d'inimitié, au moins égal à celui qui subsiste entre les petits Etats de l'Allemagne. »

On procéda à une nouvelle division de la France, division presque géométrique, ayant le sol pour unique base : les trente-deux provinces, fort inégales en étendue, furent converties en quatre-vingt-six départements, c'est-à-dire en autant d'unités administratives, judiciaires, financières, et religieuses aussi, car le nombre des diocèses, beaucoup plus considérable autrefois, fut ramené à celui des départements. Cette division n'avait pour but ni d'accroître la centralisation gouvernementale, excessive déjà sous l'ancien régime, ni d'affaiblir l'élément municipal, mais d'amener la population à l'homogénéité. C'était une mesure de haute politique : elle ne put s'effectuer sans briser certaines affinités naturelles, sans contrarier certaines convenances géographiques, mais la France lui doit en partie son unité nationale.

Chaque département fut divisé en plusieurs arrondissements, nommés alors districts, et chaque district en municipalités. Le conseil général du département, formé de trente-six membres, élus comme les députés par les assemblées primaires, choisissait dans son sein un *directoire exécutif*, composé de huit membres, permanent, et chargé de l'administration. Le directoire du district avait également son conseil, et la municipalité avait le sien : partout le contrôle à côté du pouvoir exécutif, et partout l'élection.

La puissance politique fait défaut dans cet excellent plan d'organisation. On le sentit quand les événements se pressèrent ; et les nécessités de la situation firent naître une concentration du pouvoir plus énergique que régulière, qui triompha d'immenses obstacles. Toutefois, les administrations locales, même alors, furent peu gênées dans leurs actes. Pouvait-il en être autrement avec une presse libre et des réunions libres? La liberté et l'unité, qui sont loin de s'exclure, caractérisent véritablement l'esprit de la Révolution.

L'unité de l'organisation judiciaire répondit à celle de l'administration. Les Parlements abolis, les juridictions seigneuriales et ecclésiastiques abolies, on créa trois ordres de tribunaux, correspondant à trois divisions territoriales : une justice de paix au canton, un tribunal civil au district, un tribunal d'appel au département; et au-dessus de tout, au centre de l'Etat, un tribunal de cassation veillant à l'observation régulière de la loi. Pour surcroît de garanties, la magistrature était formée par élection, et toutes les causes criminelles soumises au jury, institution jusque-là inconnue en France.

Les lois de la vieille monarchie n'offraient aucun ensemble. Dans le Midi régnait le droit commun; au Nord, des traditions originaires des anciens habitants ou apportées par les conquérants barbares, étaient la seule règle. De là les distinctions de *droit écrit* et de *droit coutumier*. Mais le premier était fréquemment modifié dans ses applications par des usages locaux, et, quant à l'autre, il variait tellement, que l'on ne comptait pas moins de soixante coutumes générales, sans parler de trois cents coutumes observées seulement dans certaines villes ou même dans certains villages. Plusieurs rois de France, Charlemagne et saint Louis surtout, avaient fait des tentatives pour mettre de l'ordre dans ce chaos. Il était réservé à la Révolution d'y réussir. La Constituante jeta les bases de la législation nouvelle, établie par les assemblées suivantes et codifiée enfin sous le Consulat.

Les attributions ministérielles n'étaient pas moins confuses : le ministre de la maison du roi avait dans les siennes la justice et les cultes; le contrôleur général des finances avait les hôpitaux et les prisons, ainsi que les mines et les ponts et chaussées. L'administration civile des provinces était répartie au hasard entre divers ministères : à celui de la guerre, le Dauphiné, la Franche-Comté, l'Alsace et le Roussillon; à celui des affaires étrangères, la Normandie, la Champagne, la Guyenne. Au fond ce n'était pas une division de travail, mais un partage d'influences et de bénéfices. Ces attributions furent régularisées par l'Assemblée constituante.

C'est à elle aussi qu'appartient l'honneur d'avoir posé en principe l'uniformité des poids et mesures, à laquelle Turgot avait déjà sérieusement songé. Mais c'est la Convention qui organisa le système métrique, dont nous sommes en possession aujourd'hui.

Ces réformes, et une foule d'autres moins importantes, que nous ne pouvons pas même énumérer ici, s'accomplirent sans vive résistance, favorisées par le roi lui-même et par les grands, aussi longtemps qu'ils purent leur attribuer une simple portée économique. Mais à l'apparition des idées de liberté, d'émancipation populaire, la vieille France se souleva. Pourtant cette vieille France, qui possédait dans l'Assemblée ses représentants les plus éminents par leur situation, eut pour principaux défenseurs deux hommes nouveaux, qui n'appartenaient ni l'un ni l'autre aux premiers rangs des ordres privilégiés, l'abbé Maury et le capitaine Cazalès. Le sentiment démocratique ne triomphe-t-il pas déjà d'une pareille dérogation ? L'opposition des royalistes se manifestait surtout dans les petites circonstances, suscitant volontiers des embarras à l'Assemblée et s'abstenant de voter sur les grandes questions législatives, gardant une attitude muette, ironique et dédaigneuse.

Les discussions qui ont porté si haut la célébrité de la Constituante eurent donc lieu, presque exclusivement, entre des députés attachés à la cause de la Révolution, bien qu'appartenant à des nuances d'opinion très-diverses. C'étaient Mounier, Malouet, Duport, Barnave, Chapelier, Lameth, Thouret, Grégoire, Camus, Robespierre; ce dernier se faisait remarquer déjà, sinon par un talent de tribune, du moins par un caractère accentué et des maximes tranchantes. Puis deux personnages, solitaires dans leur orgueil et qui pourtant dominaient tout, l'un par sa renommée de penseur, Sieyès, l'autre par son incomparable puissance oratoire, Mirabeau.

« Mirabeau a été vraiment l'homme de la Révolution, » dit La Harpe. En révolte, dès l'enfance, contre un joug de famille écrasant, Mirabeau avait, en effet, puisé dans cette lutte la haine du despotisme : il fut le promoteur le plus ardent des droits personnels, définissant la liberté dans ces termes absolus : « L'inviolabilité de chaque individu, » comme si la nation, dans son ensemble, n'avait rien à revendiquer. Les éminentes facultés de Mirabeau, les immenses services qu'il rendit à la cause de la Révolution, le classent au rang des hommes les plus illustres. Mais le titre de grand citoyen exige davantage : on ne le mérite que par l'exemple des vertus publiques et privées. Mirabeau était l'esclave de ses passions; il s'abaissa jusqu'à faire subventionner ses désordres. Pourtant, rendons-lui cette justice, qu'il n'aliéna pas son indépendance d'esprit. Ses violences contre la cour avaient été des accès de tempérament plutôt que des actes d'hostilité politique. Royaliste constitutionnel, rien de plus, il demeura le même dans ses conseils au roi : « Ce serait une entreprise au-dessus des forces humaines, lui dit-il, que de vouloir rétablir la monarchie sur les antiques bases que la Révolution a détruites; une contre-révolution serait aussi impolitique et dangereuse que criminelle. » Mais cette merveilleuse intelligence, si mal soutenue par le sens moral, imaginait un système de roueries pour détruire l'influence de l'Assemblée et pour tromper le peuple en lui donnant quelques améliorations matérielles au lieu d'institutions politiques.

Mirabeau s'était assigné un rôle d'intermédiaire entre le trône et la liberté, rôle qui tenta aussi La Fayette, bien difficile puisqu'il ne réussit ni aux talents du premier ni à l'honnêteté du second.

Les théories républicaines menaçaient virtuellement la monarchie dans un avenir plus ou moins prochain; mais, pour le moment, personne ne mettait en question le pouvoir royal : on en discutait les conditions. Le parti qui aurait volontiers rendu ces conditions favorables au trône et reconstitué une aristocratie sur de nouvelles bases, le parti de l'école anglaise, représenté par Mounier, Lally-Tollendal, Clermont-Tonnerre, le ministre Necker, etc., fut vaincu dans un débat ouvert sur l'organisation du Corps législatif, dont il demandait le partage en deux chambres, et dont l'Assemblée vota l'unité. Les membres de ce parti, désespérant de faire prévaloir leurs idées, rentrèrent dans le silence ou quittèrent la vie publique. Mais Louis XVI n'aurait pas accepté plus sincèrement leur constitution qu'il n'accepta celle de 1791 : un roi d'ancienne dynastie regarde toute limitation de son pouvoir comme une usurpation.

Ainsi disparurent de la scène un certain nombre des hommes politiques qui, après avoir sincèrement coopéré à la Révolution, voyant leur idéal dépassé, s'efforçaient de l'enrayer. Quant à ceux qui auraient voulu la faire échouer, ils ne lâchèrent pas prise. Seulement ils ne comptèrent plus, pour atteindre leur but, que sur les piéges et les conspirations.

C'est eux qui encouragèrent chez le roi des résistances imprudentes ; c'est eux qui le déterminèrent à nouer des relations secrètes avec les puissances étrangères ; c'est eux qui, pour entraver l'achèvement de la Constitution, essayèrent de persuader à l'Assemblée qu'elle devait se dissoudre et demander de nouveaux pouvoirs à la nation ; c'est eux qui formaient à Paris des complots pour enlever le roi et pour égorger les principaux membres de l'Assemblée ; c'est eux qui entretenaient dans les départements les rébellions du fanatisme religieux et politique. Tous les moyens leur semblaient bons pour souffler la discorde : un gentilhomme breton développa publiquement, en 89, l'idée de soulever ce qu'il appelait le *bas tiers* contre le *haut tiers*.

La popularité du roi, presqu'entièrement détruite, avait pourtant des retours chaque fois que lui-même se rapprochait du peuple. Le 4 février 1790, il eut la bonne pensée de se rendre à l'Assemblée et d'y faire une protestation de dévouement aux institutions nouvelles. Il y fut reçu avec un enthousiasme qui se communiqua à toute la France. On proposa de célébrer la conquête de la liberté par une fête à laquelle assisteraient des députations de toutes les gardes nationales et de tous les corps de l'armée.

Déjà, dans les campagnes et dans beaucoup de villes, on s'était fédéré pour la défense de la Révolution; dans quelques provinces aussi, puis des provinces entre elles. Cette fois, il s'agit d'une fédération de la France entière. De tous les points de la patrie, on part, les routes se couvrent de pèlerins, recevant une hospitalité fraternelle d'étape en étape; on s'est donné rendez-vous à Paris, dans la capitale de la Révolution, le 14 juillet, jour anniversaire de la chute de la Bastille.

Et Paris s'est mis dans sa grande toilette pour recevoir ses hôtes. Paris possède un immense salon en plein air qu'il nomme le Champ de Mars. Pour en faire un amphithéâtre où quatre cent mille spectateurs puissent se placer et voir la cérémonie, il faut déblayer le milieu de l'esplanade et relever la terre en talus tout autour. Ce ne sont pas des ouvriers soldés qui peuvent faire ce gigantesque travail. Ce seront les Parisiens eux-mêmes : ils y vont en foule; chaque jour, soixante mille terrassiers volontaires remuent la pelle, portent la hotte et roulent la brouette; les femmes et les enfants s'en mêlent, les vieillards et les écoliers, les habits et les blouses, les robes de soie, d'intienne et de bure, des familles entières; les artisans de nos fines industries se hâtent de terminer leur journée pour consacrer une heure à l'œuvre patriotique.

Les préparatifs de la fête sont déjà une fête : on y chante en chœur, on y danse, on y cause amicalement. — Enfin le grand jour arrive : le roi, l'Assemblée, les fonctionnaires, toute l'assistance prêtent un serment civique sur l'autel de la patrie; pas le moindre trouble, pas le moindre accident, allégresse indicible.

A Londres, à Hambourg, en Hollande, fut également célébré l'anniversaire du 14 juillet; on porta des *toasts* à l'extinction des haines nationales; la Fédération française devenait la Fédération européenne.

Quel beau jour!

CHAPITRE VI

DE LA FÉDÉRATION A LA FIN DE L'ASSEMBLÉE CONSTITUANTE

Cette éclaircie ne fut pas de longue durée : elle ne pouvait plaire aux hommes qui regardaient la Révolution comme un accident ou qui maudissaient en elle le renversement de leurs droits légitimes; ils n'acceptaient pas plus pour alliés ceux qui voulaient borner là le progrès démocratique que ceux qui entendaient le poursuivre : une marche en arrière pouvait seule les contenter.

La lutte redoubla donc d'acharnement.

Journaux et pamphlets pullulèrent du côté des révolutionnaires : le *Point du jour*, commencé par Barère à l'ouverture des états généraux, le *Courrier de Provence* par Mirabeau, le *Courrier de Brabant* par Camille Desmoulins, l'*Ami du peuple* et l'*Orateur du peuple* par Marat et Fréron, les *Révolutions de Paris*, le plus répandu de tous les journaux, par Loustalot; il s'en imprima jusqu'à 200,000 exemplaires.

Du côté des royalistes, l'*Ami du roi* par l'abbé Royou, l'*Apocalypse*, les *Actes des Apôtres*, le *Journal des Halles*.

Les écrits de ce parti, qui surpassaient en cynisme injurieux ceux des révolutionnaires, étaient largement subventionnés par la liste civile; c'est ce que nous apprennent les aveux de deux ministres, Montmorin et Bertrand de Molleville. Ce dernier énumère également ce que coûtèrent à la cassette royale les premières piques et les premiers hurlements des sections et des tribunes ; car il s'agissait de dégoûter la Révolution d'elle-même.

Les clubs aussi se multiplièrent et servirent d'aiguillon à l'Assemblée. Beaucoup de ses membres les fréquentaient, du moins ceux de l'opinion avancée, et ils se tenaient ainsi en utile communication avec le sentiment national. Les questions s'y débattaient et arrivaient déjà préparées à la discussion parlementaire. Quelques-uns de ces clubs avaient un but spécial, comme la liberté de la presse, l'abolition du droit d'aînesse, etc.; d'autres embrassaient tout le champ de la politique. La *Société des amis de la Constitution*, fondée à Versailles sous le nom de *Club breton*, par des députés de la Bretagne, et qui emprunta celui de *Club des Jacobins* au local où elle vint siéger à Paris, engendra dans les départements une foule de succursales. Simple locataire dans l'église de l'ancien couvent des Jacobins, rue Saint-Honoré, elle y tenait ses séances sous des voûtes tristes et pauvres, au milieu de vieux tombeaux. C'est là que retentirent des paroles souvent transformées en actes dans les rues de Paris. A mesure que les partis se divisèrent à la Constituante, ils se divisèrent aussi chez les Jacobins : les royalistes constitutionnels se séparèrent pour aller fonder un nouveau cercle, la *Société de* 1789, dans un très-beau local, celui des anciens moines feuillants, qui communiquait directement par des couloirs à la salle de l'Assemblée ; le simple nom de *club des Feuillants* remplaça bientôt l'autre. Mais les départements demeurèrent affiliés aux Jacobins, où la domination passa aux hommes les plus actifs, les plus ambitieux, et surtout au plus actif, au plus ambitieux, à Robespierre. A mesure que la vie s'en allait de l'Assemblée, elle refluait aux sociétés populaires, et de préférence aux plus ardentes ; vers la fin, beaucoup de Feuillants étaient rentrés à leur bercail primitif des Jacobins.

A l'Assemblée même, les querelles se traduisirent par un langage véhément et par quelques duels entre députés. On s'y groupait en deux camps, désignés par la place qu'ils occupaient à l'égard du fauteuil présidentiel, le côté droit, le côté gauche ; cette division se fit dans toute la France, et les mêmes noms ont toujours servi depuis à distinguer deux opinions : celle des adversaires de la Révolution et celle de ses partisans.

Pourtant les idées tout à fait rétrogrades n'osaient guère se produire au sein de l'Assemblée : Duval d'Eprémesnil, ce même parlementaire qui avait pris, quelques années auparavant, une attitude si frondeuse, ayant un jour proposé naïvement de retourner à l'ancien régime, ceux-là mêmes qui, au fond du cœur, peut-être, ne le désapprouvaient pas, l'accueillirent avec des éclats de rire. C'était la boutade d'un *enfant terrible*. Les anciens parlementaires, après avoir les premiers fait appel aux états généraux, voyant se constituer une justice régulière, produit de l'élection, entrèrent avec violence dans la réaction. Ils protestèrent, non-seulement contre la dissolution des parlements, mais contre « tous les actes d'une *prétendue assemblée*, qui abusait de ses pouvoirs et violait les propriétés de tous genres. » Quelques-unes de ces protestations furent rendues publiques, d'autres tenues secrètes; celle du parlement de Paris demeura entre les mains du président de Rosambo, chez lequel on la trouva en 1793.

Dans l'armée, la dispute régnait entre les officiers, la plupart gentilshommes, fort irrités contre les réformes, et les soldats, presque tous très dévoués au nouveau régime, et peu disposés à supporter des traitements sévères ou humiliants. De là beaucoup de scènes d'insubordination. La plus fameuse et la plus triste est celle qui éclata à Nancy, au mois d'août 1790. Les soldats suisses du régiment de Chateauvieux, croyant avoir à se plaindre de la gestion de leurs intérêts, demandèrent une reddition de comptes, qui fut repoussée avec dureté. Ils se révoltèrent et furent cruellement réprimés, vingt-sept pendus, quarante et un condamnés aux galères. Emotion et irritation profonde dans toute la France.

Le décret qui supprimait les titres, les armoiries et les livrées, bien que proposé par des députés de la haute noblesse, avait soulevé plus de mécontentements batailleurs que l'abolition même des priviléges féodaux, dont il était la conséquence : les vanités sont plus irritables encore que les intérêts.

Mais le clergé surtout se montra hostile à l'ordre nouveau. Les curés, suscités par leurs évêques, dont ils colportaient les paroles et les mandements incendiaires, allaient accusant l'Assemblée de vouloir détruire la religion, damnaient les acquéreurs des biens de l'Eglise et leur postérité, discréditaient les assignats au nom du Ciel, et prêchaient le refus de l'impôt. Le confessionnal devenait un foyer de conspiration et la chaire une tribune d'insurrection. C'est l'Eglise qui déclara la guerre à la Révolution ; et, pour ne laisser aucun doute à cet égard, quand ses efforts et ceux de la noblesse réussirent à soulever nos provinces de l'Ouest, l'armée contre-révolutionnaire prit le nom caractéristique de *catholique et royale*.

Les agents des princes et de l'émigration sillonnaient le midi de la France ; ils y déterminèrent la formation d'une armée soi-disant fédérale, qui n'était autre chose qu'une armée contre-révolutionnaire. Elle avait son quartier général au château de Jalès, dans l'Ardèche ; les nouveaux croisés portaient au chapeau le signe des confréries méridionales, et reconnaissaient pour chef un abbé. On parlait déjà hautement de marcher sur Nîmes, et, afin d'attirer les Lyonnais dans le mouvement, on promettait de faire de leur ville la capitale du royaume restauré, destituant Paris d'un titre dont son zèle révolutionnaire l'avait rendu indigne.

A Paris, certaines menées des royalistes firent

croire au peuple que l'on organisait à Vincennes une nouvelle Bastille pour les prisonniers politiques. La foule s'y porta et ne vit rien qui justifiât ses craintes. Mais au retour elle apprit qu'un grand nombre d'émigrés rentrés et de gentilshommes, mandés des provinces depuis plusieurs jours, étaient réunis aux Tuileries, où ils avaient été secrètement introduits. La garde nationale y courut, trouva en effet les appartements remplis de gens déguisés et armés, et les chassa rudement du palais. Ces gens prétendirent qu'ils étaient venus pour défendre la personne du roi menacée : c'était plutôt pour protéger son évasion. On les appela les *chevaliers du poignard*.

L'évasion était à l'ordre du jour aux Tuileries. Les royalistes comprenaient fort bien que la monarchie de Louis XIV, tombée en quittant Versailles, était prisonnière à Paris. Mais ils s'imaginaient faussement que le roi la retrouverait dès qu'il aurait franchi les barrières de la ville rebelle. Il s'agissait, selon eux, de le conduire jusqu'à la frontière, afin que de là, s'appuyant sur l'étranger, il pût dicter ses volontés et rentrer en maître dans son royaume.

Dès le mois d'octobre 1790, le baron de Breteuil, muni de pleins pouvoirs pour traiter avec la cour de Vienne, avait obtenu de celle-ci la promesse d'intervenir, à une condition qui se trouvait presque réalisée : « un commencement de guerre civile. » — « S'il faut brûler Paris, disait-il, on brûlera Paris, et l'on décimera ses habitants ; aux grands maux les grands remèdes. » — Louis XVI avait pris soin de mettre d'avance sa conscience en repos, en adressant à son cousin le roi d'Espagne une protestation contre tous les décrets qu'il pourrait signer officiellement. On semblait se résigner « pour endormir l'Assemblée. » Ce mot est de la correspondance du roi de Suède avec M. de Bouillé. La mort de Mirabeau précipita les résolutions de la cour, qui avait compté sur son ascendant pour arrêter le courant révolutionnaire.

La ville de Montmédy, petite place forte à deux lieues du territoire autrichien, fut choisie pour séjour du roi pendant cette expédition. M. de Bouillé, qui commandait en Lorraine, avait échelonné des corps de cavalerie sur la route que le fugitif devait parcourir. Le roi de Suède, Gustave III, attendait à Spa des nouvelles de l'évasion.

Le 20 juin, vers minuit, le roi quitta Paris dans une grande berline avec sa famille, tout le monde déguisé. Son départ ne fut connu que le lendemain matin à huit heures. L'Assemblée se réunit aussitôt, manda les ministres, leur prescrivit de continuer l'exercice du pouvoir exécutif, et déclara que les décrets qu'elle rendrait auraient force de loi, quoique dépourvus de la sanction royale. Elle fit venir l'intendant de la liste civile, entre les mains duquel Louis XVI avait laissé un mémoire explicatif de sa conduite et menaçant pour l'Assemblée. Le roi désavouait tout ce qu'il avait fait, révoquait sa signature sur les actes souscrits de sa main, s'indignait des restrictions mises à son pouvoir, et se plaignait, avec peu de dignité, du mauvais état de ses appartements aux Tuileries et de la modicité d'une liste civile de vingt-cinq millions, chiffre qu'on lui avait permis de fixer lui-même.

Cette lecture n'émut point l'Assemblée, qui envoya le manuscrit royal au comité de constitution, et reprit tranquillement son ordre du jour, après avoir commandé les mesures nécessaires à la sûreté publique. Elle témoigna de son respect des principes en refusant de prendre connaissance d'une lettre personnelle adressée par le roi à son intendant, et d'une autre lettre trouvée par le peuple dans les appartements de la reine. Ordre fut donné de poursuivre les fugitifs, bien qu'on les crût déjà hors d'atteinte, quand la nouvelle arriva de leur arrestation.

Ils avaient été reconnus à Sainte-Menehould, pendant que la voiture changeait de chevaux ; et le fils du maître de poste, nommé Drouet, les avait devancés au relai suivant, à Varennes, pour prévenir la municipalité.

Louis XVI essaya d'abord de faire prendre le change aux personnes qui voulaient l'arrêter, mais inutilement. Il compta un moment sur les soldats envoyés par M. de Bouillé, et que M. de Bouillé avait choisis ; mais les soldats abandonnèrent leurs chefs ; il ne se vit entouré que de gardes nationaux à l'attitude menaçante. Sa voiture fut donc retournée et reprit la route de Paris, accompagnée par les flots d'une population courroucée. A Chalons on rencontra des commissaires de l'Assemblée chargés de protéger le voyage de la famille royale. Les Parisiens reçurent le roi avec un silence sévère et terrible.

Interrogé solennellement sur les motifs de sa fuite, il l'expliqua par des subterfuges misérables : l'intention de prouver qu'il était libre et de veiller sur la frontière à la sûreté du royaume contre l'étranger, le désir de mieux connaître l'opinion publique ; puis il ajouta que la volonté générale étant manifeste à ses yeux, il n'hésiterait plus à s'y conformer.

Cette évasion à l'ennemi et cette tentative avortée au milieu de circonstances presque grotesques, cette reprise de possession du trône aux conditions contre lesquelles il venait de protester, achevèrent de déconsidérer Louis XVI et d'irriter le sentiment général contre lui. D'ailleurs, durant l'absence de la royauté, les affaires de l'Etat s'étaient expédiées comme de coutume, la tranquillité avait régné ; après un premier mouvement d'émotion, tout s'était rallié autour de l'Assemblée, et les autorités locales, à son exemple, avaient pris des résolutions aussi fermes que sages : on vit combien il était facile de se passer de cette providence gouvernementale; partout, on effaça le nom du roi et l'on brisa ses effigies. L'idée de la république entra dans les esprits : elle eût peut-être à ce moment recontré moins d'obstacles qu'elle n'en rencontra plus tard. « Tous les regards se portaient sur la salle de l'Assemblée, écrit un journaliste du temps : notre roi est là-dedans, disait-on ; Louis XVI peut aller où il voudra. »

Cette dictature de quelques jours respecta religieusement toutes les lois du pays.

Les hommes politiques n'avaient pas désiré l'arrestation de Louis XVI : son retour devait les embarrasser plus que ne l'eût fait son absence. A la frontière, au milieu des ennemis déclarés de la Révolution, il était un danger sans doute; mais à Paris, à la tête des conspirateurs, était-il moins à craindre? point de sécurité pour un pays où le chef du pouvoir exécutif est dans un état permanent de conspiration contre les institutions.

Il ne faut donc pas s'étonner de l'indécision générale qui suivit le retour de Varennes, indécision chez le parti le plus prononcé comme chez le plus réservé. On affecta de présenter la fuite du roi comme un enlèvement, malgré ses propres déclarations ; on proclama inviolable celui qu'on gardait prisonnier à vue, et l'on fit peser sur Bouillé et sur les serviteurs secondaires toute la culpabilité.

Mais d'autres impressions régnaient chez la masse populaire ; elle s'indignait d'avoir été trompée. L'esprit de ruse qui se révélait en Louis XVI lui aliéna les cœurs au point de rendre bientôt intolérables les rapports du roi et de la nation. Le peuple a horreur de la fausseté. Et puis, si l'Assemblée ne faisait que rire des fanfaronnades de M. de Bouillé, menaçant de « ne pas laisser pierre sur pierre dans Paris s'il tombait un cheveu de la tête du roi, » le peuple, lui, ne riait pas de se voir traiter d'*anthropophage*, digne du *mépris de l'univers*, et de s'entendre promettre la colère de *tous les rois*. Le mot de déchéance, articulé par la presse et dans les clubs, circulait de bouche en bouche. L'Assemblée se borna à « suspendre l'exercice du pouvoir exécutif dans les mains de Louis XVI jusqu'à son acceptation de la Constitution. »

Il y eut alors dans Paris une explosion de colère. La foule se rendit au Champ-de-Mars pour y signer, sur l'autel de la Patrie, immense échafaudage demeuré debout après la fête de la Fédération, une pétition pour inviter l'Assemblée à revenir sur son décret et à proclamer l'abdication de Louis XVI comme une conséquence de sa fuite. Cette pétition fut couverte de signatures. La foule était considérable et bruyante, mais composée principalement de promeneurs avec leurs familles : c'était un dimanche, jour de désœuvrement. L'Assemblée cependant et la municipalité, trompées sans doute sur le caractère de la réunion, firent battre la générale et arborer aux fenêtres de l'Hôtel de ville le drapeau rouge, le drapeau de la loi martiale. La garde nationale et la troupe soldée se portèrent au Champ de Mars et y prirent position. Tout à coup, une volée de pierres part du sein d'un groupe où s'étaient mêlés sans doute quelques-uns de ces vauriens que leurs instincts turbulents ou cupides amènent dans tous les attroupements. La garde nationale tire en l'air et à poudre pour les effrayer; elle les effraye en effet, sans tuer ni blesser personne. Mais, un moment après, la troupe soldée fait une décharge sur la multitude inoffensive qui garnit les degrés de l'autel; ils sont inondés de sang. Ni Bailly, maire de Paris, ni La Fayette, commandant de la garde nationale, n'avaient ordonné le feu. La Fayette au contraire avait poussé son cheval devant la gueule des canons. Cet affreux malheur fut-il le résultat d'un malentendu ou d'un crime? Voulait-on frapper les imaginations? voulait-on renouveler la tragédie de Nancy, comme le dit un témoin oculaire, et compromettre l'armée avec le peuple? Jamais ces mystères ne sont complétement éclaircis. Ce qui est certain, c'est que les royalistes ne dissimulaient pas leur désir de voir éclater un conflit où s'évanouirait la popularité du parti intermédiaire ou constitutionnel, et que ce vœu fut cruellement exaucé; car le souvenir du 17 juillet 1791 conduisit Bailly à l'échafaud et La Fayette à l'exil.

Avant cette journée funeste, il régnait déjà dans l'Assemblée beaucoup de lassitude, beaucoup d'ennui ; le public aussi y prenait moins d'intérêt, et ses séances étaient délaissées. La vie avait passé dans les clubs et dans la presse. Les démolisseurs des deux extrêmes s'efforçaient à l'envi de discréditer la représentation nationale dans l'opinion. On fit circuler un livre injurieux, intitulé : *Rendez-nous nos dix-huit francs :* c'était le chiffre de l'indemnité quotidienne allouée aux députés ; ignobles attaques imitées à une époque plus voisine de nous : on trompe toujours le peuple par les mêmes moyens.

Dès ce moment, il n'y eut plus que confusion : les intrigues se croisèrent, des alliances inattendues se nouèrent et se dénouèrent.

Les meneurs réactionnaires tentèrent un dernier effort, qui réussit en partie, grâce à la terreur jetée par le massacre du Champ de Mars, et grâce à la désunion des esprits : la constitution devait être soumise à une révision générale, afin de mettre plus d'ordre dans ses articles et plus de forme dans sa rédaction ; un groupe de députés, les uns royalistes constitutionnels, d'autres royalistes purs, voulurent profiter de la circonstance pour y introduire des modifications profondes, toutes favorables au pouvoir monarchique. L'opposition énergique de quelques députés et les exigences des champions de l'ancien régime firent échouer ce complot parlementaire. Cependant la loi fondamentale ne sortit pas de cette épreuve sans une notable atténuation de ses dispositions démocratiques.

L'acte constitutionnel, terminé le 3 septembre, reçut, dix jours après, la ratification du roi, accompagnée d'une réserve significative : « Je consens que l'expérience seule en demeure juge. » Cette décision avait été prise à la suite de grandes hésitations et de conférences dans lesquelles le diplomate autrichien Kaunitz, par prudence, Malesherbes, l'ami de Louis XVI, par dévouement, et Barnave et d'autres constitutionnels par conviction, avaient été d'accord pour conseiller l'acceptation. *Je me suis décidé à rester à Paris*, dit le roi à la députation de l'Assemblée. Puis, dans sa correspondance avec ses frères, qui avaient plus adroitement que lui gagné la frontière, il protestait contre sa propre adhésion, et les princes publiaient à l'étranger sa protestation.

Quant à la reine, après avoir affirmé aux membres de la députation qu'elle partageait le dévouement du roi pour les nouvelles institutions, elle se retourna vers ses intimes en disant : « Ces gens-là ne veulent pas de souverains; ils démolissent la monarchie pierre à pierre. »

Elle n'avait pas tort : représentants de l'opinion publique, ils faisaient entendre en toute occasion que la souveraineté passait au peuple.

La séance d'apparat où le roi vint prêter son serment manifesta plus que jamais cette situation tendue. On enleva le dais que le maître des cérémonies avait fait préparer pour Sa Majesté, et on le remplaça par un fauteuil semblable à celui du président de l'Assemblée. Enfin, les députés écoutèrent assis les paroles de Louis XVI : « Ah! madame, dit-il à la reine en rentrant, vous avez été témoin de mon humiliation. »

De grandes fêtes eurent lieu, où la joie nationale fut expansive et sincère. On croyait la révolution terminée.

L'Assemblée se hâta d'abandonner la scène politique qu'elle avait glorieusement remplie pendant deux ans; mais où son rôle était fini. Triste couchant après une si belle aurore!

CHAPITRE VII

LES ŒUVRES ET LES HOMMES DE L'ASSEMBLÉE CONSTITUANTE

Lorsque les électeurs de 1789 rédigèrent leurs cahiers, ils n'avaient pas résolu de changer le gouvernement de la France et ses conditions sociales, mais de corriger les abus d'une ancienne constitution, si peu fixée, d'ailleurs, que son existence même est une hypothèse historique. Lorsque les députés aux états généraux se formèrent en Assemblée nationale, ils ne se proposaient pas non plus de renverser la monarchie, mais de la rajeunir.

Les uns et les autres, pourtant, agissaient sous l'empire de doctrines philosophiques qui devaient conduire à ces résultats, tant la vérité exerce sa puissance sur les esprits, même quand ils ne la voient pas encore clairement.

Les institutions fondées par notre première diète nationale furent naturellement une sorte de transaction entre les débris de la société qui allait disparaître et les éléments à peine groupés de la société nouvelle. On ne doit pas s'étonner d'y voir se côtoyer des principes opposés, le droit divin représenté par l'hérédité du pouvoir royal, et la souveraineté du peuple représentée par l'élection de toutes les autres magistratures. A chaque degré de l'échelle politique, le législateur établit une dualité analogue, ce qui donna un caractère provisoire à beaucoup de ses actes, tandis qu'il invoquait des maximes d'éternelle justice.

Entreprise avec un sincère enthousiasme et a

la lueur de magnifiques espérances, la Constitution de 91 fut achevée au sein des divisions et des découragements. Altérée dans certains détails par les réviseurs, sans que pourtant ceux-ci fussent parvenus à y faire dominer leur intention rétrograde, elle ne satisfit pleinement personne. Mais l'incohérence qu'on est en droit de lui reprocher ne l'empêche pas d'être un beau monument législatif. En voici le sommaire:

Sur une base monarchique s'élève tout un système de précautions contre le pouvoir exécutif, dicté par la défiance qu'inspiraient Louis XVI et son entourage. On sent que les rédacteurs de la loi avaient les yeux tournés vers un passé dont ils craignaient le retour autant que vers l'avenir qu'ils appelaient de leurs vœux.

« Le pouvoir exécutif réside exclusivement dans la main du roi, » dit la Constitution; mais il ne règne que par la loi; c'est au nom de la loi seule qu'il peut exiger l'obéissance.

Le choix de ses ministres lui appartient; toutefois, il ne peut les prendre ni dans l'Assemblée nationale, ni dans le Tribunal de cassation, les deux premiers corps de l'Etat.

Il nomme les agents diplomatiques;—il confère les plus hauts grades de l'armée et une partie des autres, en se conformant aux lois de l'avancement; — dans l'ordre judiciaire, il désigne les commissaires auprès des tribunaux, chargés seulement de requérir l'observation des lois et de faire exécuter les arrêts; les fonctions de juges et d'accusateurs publics sont électives et temporaires; — à l'égard des administrateurs locaux, également élus par le peuple, le roi ne peut que prononcer leur suspension dans les cas graves, à charge d'en instruire le Corps législatif, qui a le droit de lever cette suspension, de la confirmer, ou d'envoyer les prévaricateurs aux tribunaux criminels.

L'Assemblée législative se réunit sans convocation, chaque année, et termine sa session quand il lui plaît. Le roi peut aussi la convoquer s'il juge que l'intérêt de l'Etat l'exige ; mais il ne lui appartient pas de la dissoudre ; elle se renouvelle de plein droit tous les deux ans.

Le roi ne peut refuser son consentement aux décrets, ou du moins son refus n'est que suspensif. Si trois législatures successives persistent dans la même pensée, la sanction devient obligatoire.

Les cas où le roi est censé abdiquer sont prévus à l'avance : s'il ne prête pas serment à la Constitution ou s'il rétracte ce serment ; — s'il se met à la tête d'une armée pour en diriger la force contre la nation, ou s'il ne s'oppose pas formellement à une telle entreprise ; — s'il s'éloigne du royaume et n'y rentre pas sur l'invitation du Corps législatif.

L'élection fonctionne de la manière suivante : aux assemblées primaires sont admis tous les *citoyens actifs*, appellation donnée aux hommes de 25 ans, qui payent une contribution directe égale à la valeur de trois journées de travail (Un décret permit aux autorités locales de fixer le prix de la journée à moins de vingt sous). — Les assemblées primaires choisissent un électeur à raison de cent citoyens actifs, et ces électeurs élus nomment les députés. Les candidats à la députation ne sont assujettis à aucune condition d'éligibilité.

Les républicains avaient demandé le suffrage universel : leur vœu se trouva presque réalisé, puisque le droit de voter s'étendait à trois ou quatre millions de citoyens. Toutefois, il faut reconnaître qu'en établissant une classification parmi les Français, l'Assemblée manquait au dogme d'égalité qu'elle avait proclamé, et qu'elle laissait la porte ouverte aux lois restrictives qui, jusqu'en 1848, ont fait un monopole du droit électoral.

Le Corps législatif a pour fonction de proposer et décréter les lois ; il fixe les contributions, règle et surveille l'emploi des revenus publics ; il statue sur le mode de recrutement de l'armée et sur le nombre de soldats et d'officiers qui doivent la composer ; il met en accusation, s'il y a lieu, les ministres et les agents principaux du pouvoir exécutif ; il établit par des lois les distinctions honorifiques, purement personnelles, consacrées à la récompense des citoyens, et il décerne seul les honneurs publics à la mémoire des grands hommes ; il décide de la paix et de la guerre, ratifie les traités de paix, d'alliance et de commerce.

La Constitution n'est point immuable ; mais sa révision ne peut avoir lieu qu'en vertu d'un vote réitéré par trois législatures.

En tête de la Constitution figure la fameuse *Déclaration des droits de l'homme et du citoyen*, ainsi placée « pour qu'elle soit constamment présente à tous les citoyens, et que leurs réclamations, fondées sur des principes incontestables, tournent toujours au maintien de la loi et au bonheur de tous. »

Grégoire avait proposé d'y joindre une *déclaration des devoirs*, et c'était raison : quand l'homme vient réclamer un droit, il faut que la société puisse lui demander : Quels devoirs remplis-tu envers moi ?

Quand on songe aux circonstances où ce grand acte s'était produit, on ne doit pas s'étonner de le voir débuter par un anathème contre le passé : il avait été élu, dans son ébauche primitive, par Lafayette, le 11 juillet 1789, trois jours avant le siége de la Bastille, et envoyé au roi le 1er octobre, le jour où les gardes-du-corps, réunis dans un banquet factieux, insultaient aux symboles de la France nouvelle. L'Assemblée avait proclamé les droits du peuple à l'heure où l'on affectait de les nier avec audace.

Au reste, les déclarations et les décrets de la Constituante sont le résumé des vœux exposés dans les cahiers; et ces vœux étaient eux-mêmes un écho de la philosophie du dix-huitième siècle qui avait fait l'éducation du peuple français.

C'est donc aux nobles inspirations de cette philosophie qu'il faut rendre hommage de tout : c'est à elle que nous devons une nouvelle théorie pénale et la réforme des prisons qui en fut la conséquence : le condamné cessant d'être regardé comme un maudit, la prison devait cesser d'être un atelier de torture pour devenir un établissement de correction ;—c'est à elle que nous devons l'émancipation des juifs et l'affranchissement des hommes de couleur, puisqu'elle avait remplacé un dogme de fraternité mystique par une proclamation de réelle égalité. — C'est elle qui dicta les efforts de la Révolution pour constituer l'enseignement populaire, désormais érigé en devoir social, de simple charité qu'il était, et particulièrement les revendications de notre première assemblée en faveur de l'éducation des femmes.

On a trop répété que nos assemblées révolutionnaires ont changé en France la forme politique, sans toucher aux conditions sociales. C'est une grande erreur. Pour ne parler que de la Constituante :

Quand elle abolissait les prérogatives de la naissance dans l'Etat comme dans la famille, quand elle décrétait l'égalité des citoyens devant la loi et celle des enfants devant l'héritage, est-ce que l'Assemblée constituante ne changeait point la condition des personnes?

Quand elle supprimait les droits seigneuriaux, les exemptions d'impôts, quand elle décidait que les charges et emplois honorifiques ou lucratifs ne seraient plus un privilége héréditaire, est-ce que l'Assemblée constituante ne changeait pas les conditions de la propriété?

Quand elle mettait la liberté des industries et du commerce à la place des monopoles, des corporations et des jurandes, est-ce qu'elle ne changeait pas les conditions du travail ?

Gardons-nous de ne voir qu'une révolution politique dans ce qui fut en même temps, et très-effectivement, une réforme sociale. On pourrait dire avec vérité que celle-ci a été la plus radicale, puisqu'aucune réaction n'a eu de prise sur elle, tandis que nous avons vu succomber beaucoup de nos libertés politiques.

Sous l'ancien régime lui-même, malgré toutes ses entraves, le développement social s'accomplissait peu à peu, car il n'y a pas d'heures entièrement perdues pour le progrès. La propriété s'était divisée, les charges fiscales étaient devenues plus équitables ; le tiers état avait même réalisé une évolution très-importante : il pratiquait le partage des biens paternels et maternels entre les enfants, et la communauté des acquêts entre époux, plus libre à cet égard que ne l'était la noblesse. Mais bien des années sans doute se seraient écoulées avant que la France entière achevât une phase de développement que son émancipation politique lui fit parcourir en un jour.

« Jamais grande révolution n'a coûté moins de sang, moins de larmes. » Voilà ce qu'un royaliste put avouer en 1791. Si les belles espérances que contenaient ces paroles furent déçues, cherchons-en la cause dans une résistance insensée à l'application de principes que chacun d'abord semblait accepter ; cherchons-la surtout dans la désastreuse intervention de l'étranger, intervention d'autant plus coupable que l Assemblée constituante avait solennellement renoncé, au nom du peuple français, à toute guerre entreprise dans un esprit de conquête. Cette promesse, fidèlement respectée par la République victorieuse, contient le germe de la paix et de l'alliance entre les nations, qui sera le couronnement de tous nos progrès.

Après avoir caractérisé l'œuvre, il nous est impossible de ne point parler de ses auteurs, de ne pas citer au moins les noms qui ne se sont pas encore rencontrés sous notre plume. Chacun se demande avec intérêt ce que devinrent les hommes qui avaient commencé la Révolution.

Mirabeau, qu'il faut toujours nommer le premier, était mort jeune et dans sa gloire : heureux peut-être ; car on a quelque peine à se figurer le rôle qui lui serait échu plus tard.

De Noailles, de Montmorency, deux grands seigneurs qui, après avoir fait la campagne d'Amérique, avaient souvent pris d'importantes initiatives au début de la Révolution, survécurent à ses catastrophes. Le dernier a fait tristement amende honorable des principes de sa jeunesse.

Talleyrand ne s'est pas borné à une seule abjuration. Cet homme ne saurait exciter de sympathie chez les âmes droites. Cependant la loyauté de l'histoire oblige de rattacher son nom aux premiers travaux de l'Assemblée constituante sur l'instruction publique, et au décret qui met la nation en possession des biens ecclésiastiques.

La Rochefoucauld-Liancourt, dévoué par affection personnelle au roi et par philanthropie au peuple, est resté fidèle à ce double sentiment.

Lafayette et Bailly, dépassés par l'opinion démocratique, donnèrent loyalement leurs démissions, l'un de maire de Paris, l'autre de chef de la garde nationale.

Beauharnais et Biron, devenus généraux de la République, périrent l'un et l'autre, victimes, on l'assure, des vengeances de la caste qu'ils avaient abdiquée.

Lepéletier de St-Fargeau, un autre noble, républicain, fut assassiné par un garde du roi.

Barnave, Chapelier, Duport, Mounier, Lally-Tolendal, Malouet, étaient faits pour briller sous une monarchie représentative. Les deux premiers furent emportés par la tempête révolutionnaire; le troisième s'éteignit dans un exil obscur; les survivants n'ont point démenti leur passé.

Volney, Garat, de Tracy, demeurèrent également ce qu'ils avaient été, penseurs hardis, acteurs réservés. Il leur fut donné de traverser plusieurs régimes sans abjurer un amour de la liberté puisé dans l'étude de la philosophie, des sciences et des lettres.

Thouret devint président et Barère membre du nouveau Tribunal de cassation.

Robespierre, en sortant de l'Assemblée constituante, alla trôner aux Jacobins. Pétion remplaça Bailly dans les fonctions de maire de Paris : la cour fit voter pour lui ses adhérents, voulant à tout prix écarter Lafayette de cette position influente, où le portaient les électeurs d'opinion plus tempérée. Grégoire prit possession de l'évêché de Blois, auquel il avait été appelé par l'élection populaire. Sieyès se laissa volontairement oublier pour reparaître plus tard.

A peu d'exceptions près, ces hommes de nuances diverses sont restés chacun dans sa ligne. Ils avaient la foi. A côté d'eux siégeaient des citoyens moins illustres, laborieux, éclairés, bien intentionnés, dont les votes sages déterminaient souvent la majorité.

Nous ne retrouverons aucun des noms de la Constituante à l'assemblée qui lui succéda immédiatement : la Constituante en avait fermé l'entrée à ses membres. Cet acte de désintéressement, provoqué par Robespierre, qui voulait placer son levier en dehors, fut voté à la presque unanimité et avec acclamation. Les tribunes publiques restèrent muettes et hésitantes : on sentait que l'abdication de ces législateurs, qui venaient de faire leurs preuves en pleine lumière, livrait l'avenir du pays au hasard des instincts révolutionnaires. Mais, d'un autre côté, les derniers mois qui venaient de s'écouler avaient si peu satisfait les amis ardents du progrès, que le hasard leur inspirait plus d'espoir qu'une tradition épuisée ou dévoyée.

L'Assemblée constituante tint sa séance de clôture le 30 septembre 1791 ; l'Assemblée législative tint sa séance d'ouverture le 1er octobre, sans un jour de lacune parlementaire.

« De tous les points de l'empire, le vœu de nos concitoyens vous députe au congrès national, leur dit Grégoire au nom des *amis de la Constitution*. Il est temps que les fondateurs de la France nouvelle remettent en vos mains les rênes du pouvoir qui commençaient à flotter dans les leurs. Quelques-uns d'entre nous couraient encore dans la carrière; mais un grand nombre s'y traînaient, et des chutes fréquentes ont annoncé leur épuisement, constaté leur impéritie ou signalé leur corruption. La liberté, inquiète et meurtrie, vous tend les bras; vingt-cinq millions d'hommes ont les yeux fixés sur vous; ils espèrent que vous consoliderez notre ouvrage. Salut à nos successeurs ! »

ASSEMBLÉE LÉGISLATIVE

CHAPITRE PREMIER

PHYSIONOMIE DE L'ASSEMBLÉE. — SES PREMIERS DÉMÊLÉS AVEC LA COUR.

Au début de l'Assemblée constituante, le parti démocratique, l'extrême gauche, comptait pour si peu, qu'un jour Mirabeau lui cria d'un ton dédaigneux : « Silence aux trente voix ! » Mais son accroissement fut rapide, sous le rayonnement de l'opinion publique : c'est lui qui empêcha la révision de devenir une contre-révolution.

A l'Assemblée législative, ce même parti, au lieu d'une poignée d'hommes, composait la majorité. La pensée réactionnaire n'y était même plus représentée, du moins ouvertement : au côté droit siégeaient des amis de la monarchie tempérée, acclamant les principes de 1789, et se donnant le nom de constitutionnels ; au côté gauche avait surgi un parti nouveau, sincèrement républicain dans ses aspirations, bien qu'il entendît un peu le républicanisme selon les livres classiques, plein d'ardeur, de courage, de talent et aussi d'orgueil théâtral, le parti girondin, baptisé d'après l'origine de ses membres les plus éminents. L'Assemblée offrait donc des divisions analogues à celles de la Constituante ; mais une évolution complète s'était opérée dans le sens démocratique.

Le centre était peuplé de conservateurs, comme il l'est dans toutes les assemblées, conservateurs de ce qui existe, sans passions politiques ni principes arrêtés ; les uns, hommes estimables, courageux même, et très-capables d'être des *utilités* de premier ordre ; d'autres, le grand nombre, accessibles à toutes les influences, surtout à celle de la peur, moutons la veille, tigres le lendemain, prêts à s'agenouiller devant le vainqueur et à déchirer le vaincu.

Les électeurs, dans un sentiment de défiance très-motivée, avaient repoussé systématiquement quiconque appartenait aux anciennes castes privilégiées ; d'autre part, les membres de la Constituante s'étant interdit toute candidature, la France avait dû chercher dans son sein une seconde génération de législateurs et d'orateurs démocrates. Elle la trouva, et l'on ne saurait trop admirer la fécondité de cette terre, à peine échauffée par le soleil de la liberté.

L'Assemblée législative comptait dans ses rangs une foule de gens de loi : sur 750 membres environ 400. C'était presque la seule profession où l'on touchât alors aux affaires publiques. Le reste se composait de savants, d'hommes de lettres et d'officiers d'un grade modeste : c'étaient Vergniaud, Guadet, Gensonné, avocats estimés; Lamourette et Claude Fauchet, écclésiastiques, évêques constitutionnels de leurs départements ; Prieur (de la Côte-d'Or) et les deux frères Carnot, capitaines du génie, distingués dans leurs corps; Isnard et Ducos, négociants honorables, tous connus par leur zèle pour les idées nouvelles. Mais, excepté l'académicien Condorcet et le publiciste Brissot, peu d'entre eux avaient eu l'occasion de paraître sur un grand théâtre.

Au côté droit figuraient également des hommes bien notés, mais aucune renommée éminente : les principaux étaient : Mathieu Dumas, qui avait fait la guerre d'Amérique, Stanislas Girardin, élève de J. J. Rousseau, Ramond le naturaliste, Pastoret, Vaublanc.

La Constituante n'avait eu besoin de recourir à aucune mesure coercitive pour faire triompher des maximes écrites dans tous les livres et dans toutes les consciences; mais il fallait bien prévoir que l'application de ces maximes blesserait des intérêts nombreux, et qu'alors éclaterait l'opposition; il fallait prévoir surtout un conflit avec l'étranger : quatre-vingt-neuf avait trouvé l'Europe constituée sur le traité de Westphalie, où les rois étaient intervenus comme si chacun d'eux était propriétaire de ses États. Poser ce nouveau principe, que toute souveraineté réside dans la nation, le poser devant l'Europe, c'était déchirer sa charte fondamentale, c'était déclarer la guerre aux vieilles monarchies, une guerre rationnelle, qui ne pouvait manquer de se traduire en coups de canon.

Cependant la grande Assemblée n'avait pris aucune précaution contre ces éventualités; elle laissait d'immenses dangers à ses successeurs.

Et ceux-ci ne connaissaient pas le terrain sur lequel ils allaient marcher, et ne se connaissaient pas entre eux. En présence d'un pouvoir exécutif qui faisait cause commune avec les ennemis de la Révolution, ils avaient pour toute arme une Constitution à l'essai, pleine de lacunes et de dissonances.

Cette Constitution répondait imparfaitement au sentiment révolutionnaire et aux nécessités de la situation, mais elle reposait sur des bases libérales : témoin les répugnances de la cour, des anciens privilégiés et de l'Europe monarchique. Lorsqu'elle fut notifiée aux cabinets étrangers, revêtue de l'adhésion royale, quelques-uns gardèrent le silence, d'autres firent des réponses évasives ou se bornèrent à des accusés de réception; Gustave de Suède osa dire qu'il ne regardait pas Louis XVI comme libre de sa volonté; l'Espagne en fit autant. Louis XVI, en effet, protestait dans sa correspondance particulière contre ses déclarations officielles. Nous avons dit ce qu'était cette Constitution : un acte de défiance ; chacun de ses articles semblait une personnalité dirigée contre le roi. Permis donc à lui de ne pas l'aimer ; mais ce qui n'est jamais permis, c'est l'hypocrisie et le mensonge.

La majorité de l'Assemblée législative, dans la conscience de son mandat, accepta l'héritage qui lui était attribué ; et, résolue à mettre sincèrement en pratique la Constitution, elle s'efforça d'abord de la relever dans l'opinion, en entourant le serment qu'elle devait lui prêter d'un appareil quasi religieux : une députation solennelle escorta l'archiviste Camus, portant le nouveau livre de la loi. Les journaux royalistes tournèrent en ridicule cette cérémonie.

Les premiers rapports des députés avec la cour accusèrent un dissentiment profond, une totale incompatibilité d'humeur, affectation de dédain d'une part, de l'autre orgueil froissé. Louis XVI fit faire antichambre à la députation qui venait lui annoncer la Constitution légale de l'Assemblée ; l'Assemblée répondit à son impolitesse par un décret qui supprimait les titres de *sire* et de *majesté*. Mais, après un acte aussi marqué, elle regretta sa vivacité et rapporta son décret. Louis XVI, venant faire l'ouverture de la session, fut bien accueilli.

A ces premières escarmouches, qui avaient rendu le face à face pénible, succédèrent des conflits plus sérieux. La rupture fut complète et sans retour quand on ne put douter du but que se proposaient les émigrés, ni des intelligences de la cour avec eux : « Rendre au royaume son antique et immuable constitution, » disait un manifeste des princes. Sur notre frontière, sur la terre qu'ils appelaient la *France extérieure*, à Coblentz, se formaient des rassemblements du caractère le plus hostile, ayant des magasins d'armes et faisant des exercices militaires. Ces rassemblements se composaient principalement de gentilshommes, d'officiers déserteurs et de jeunes prêtres transformés en soldats. On entretenait des relations avec les départements, on y lançait des émissaires pour provoquer à l'émigration, devenue une mode parmi la noblesse; on envoyait des quenouilles aux traînards pour leur faire honte, et l'on promettait d'anoblir les roturiers qui prendraient part à la croisade monarchique ; pis que cela : on suscitait l'étranger contre la patrie, on lui indiquait les points les plus favorables à l'invasion. Châtier à tout prix un peuple rebelle, tel était l'ordre du jour.

L'Assemblée, par un décret, somma le chef des émigrés, *Monsieur*, comte de Provence, frère du roi (celui qui plus tard fut roi lui-même sous le nom de Louis XVIII), de rentrer en France dans le délai de deux mois, faute de quoi il perdrait son droit à la régence. Louis XVI ratifia ce vote et écrivit ostensiblement à ses frères pour les exhorter au retour ; ceux-ci déclarèrent sur un ton d'ironie qu'ils le regardaient comme en captivité morale et physique, et qu'ils n'obéiraient pas à son invitation. Quant à la notification de l'Assemblée, ils y répondirent par une injurieuse parodie. Il est vrai que Louis XVI leur avait fait dire de se garder d'erreur, de « ne pas croire qu'il préférât le joug de scélérats infâmes au secours de ses proches parents et de ses serviteurs fidèles. »

N'oublions pas cependant, pour compléter le tableau, que ces serviteurs fidèles, qui recevaient les subventions secrètes de la liste civile, et contractaient des emprunts au nom du roi de France, ménageaient peu sa personne royale ; ses faiblesses étaient de leur part l'objet de sarcasmes très-insolents, et ils méditaient de lui enlever le pouvoir pour le mettre aux mains de la reine.

La discorde, d'ailleurs, régnait dans le camp des émigrés : ceux de la première fournée affectaient un grand dédain pour les nouveaux venus, et de la haine pour ceux qui avaient pris une part quelconque aux réformes constitutionnelles. Outre ces catégories hostiles, la haute et la petite noblesse d'une part, de l'autre les gens de robe et les gens d'épée, vivaient mal ensemble. Ils ne s'accordaient que sur un point : détester la France nouvelle. « C'est la cour de Versailles devenue ambulante, » écrivait Dumouriez. Les listes générales de l'émigration se sont élevées jusqu'à 150,000 noms ; mais le chiffre réel semble avoir été d'environ 80,000, sur lesquels il faut compter 36,000 ecclésiastiques.

Les prêtres qui avaient refusé le serment civique organisaient à l'intérieur une résistance systématique aux ordres de l'Assemblée. Des instructions saisies chez plusieurs d'entre eux portaient défense de dire la messe dans les églises constitutionnelles ; recommandation d'inscrire sur des registres secrets les baptêmes, mariages et sépultures des vrais catholiques, toute union contractée par le ministère des assermentés devant être réputée nulle, et les enfants qui en naîtraient voués à la malédiction divine. Une terreur sourde était ainsi exercée sur les consciences timides, et troublait les familles.

Passant de la haine religieuse à la haine politique, les réfractaires inspiraient la désobéissance aux institutions nouvelles ; d'accord avec les agents de l'émigration, ils fomentaient la guerre civile. C'est dans les départements de l'ouest et du midi que leur action s'exerçait surtout : après s'être plaints de persécutions imaginaires, ils provoquèrent la Révolution avec une opiniâtreté tellement irritante que les persécutions vinrent.

Cette fois pourtant, l'Assemblée se borna à imposer le serment civique à tous les ecclésiastiques. Les récalcitrants seraient privés de leurs pensions, et, s'ils ne cessaient d'agiter le pays, on pourrait les éloigner administrativement de leurs domiciles, et, même les détenir au besoin. Le roi refusa de sanctionner ce décret.

L'Assemblée avait invité Louis XVI à faire des remontrances énergiques aux princes allemands sur le territoire desquels s'organisaient des agressions contre la France. Après quinze jours sans réponse, le roi vint lui-même déclarer qu'il avait réclamé l'intervention de l'Empereur d'Allemagne auprès de ces membres du corps germanique, et qu'il proposerait la guerre si sa démarche demeurait sans résultat. Des protestations expressives de sincérité et de dévouement à la constitution terminèrent sa harangue: « Je sens profondément, s'écria-t-il, qu'il est beau d'être roi d'un peuple libre. »

Annonce ayant été faite ensuite, par le ministre de la guerre, que cent cinquante mille hommes allaient être réunis vers le Rhin, trois armées sous les ordres du général Lafayette et des maréchaux Luckner et Rochambeau, l'Assemblée vota un supplément de vingt millions pour préparatifs de guerre.

Mais ces démonstrations ne changèrent rien à l'attitude hostile des émigrés. Le même ministre (c'était Louis de Narbonne, appuyé des Girondins) vint un jour révéler que dix-neuf cents officiers avaient passé à l'étranger; son collègue de la marine, Bertrand de Molleville, plus intime avec la cour, dissimulait les nombreuses désertions de l'armée navale, où dominait la noblesse.

Les émigrés s'enrégimentaient sous les ordres du prince de Condé ; le vicomte de Mirabeau, frère du grand orateur, avait formé un corps de six cents hommes, l'*Armée des noirs ;* on faisait des tentatives de séduction auprès des commandants de nos places frontières ; les Français signalés par leurs opinions révolutionnaires étaient maltraités, et les couleurs nationales insultées.

L'Assemblée perdit enfin patience : le roi et les siens ne furent plus seulement à ses yeux des adversaires d'opinion, ce furent des ennemis de la patrie; elle profita de ce que la Constitution n'avait pas assujetti à la sanction royale les décrets de mise en accusation, pour lancer un décret de cette espèce contre les frères de Louis XVI, contre le prince de Condé, le vicomte de Mirabeau et quelques autres personnages; Monsieur fut déclaré déchu de son droit à la régence ; le séquestre fut mis sur les biens des transfuges, et la perception de leurs revenus dut être faite au profit de l'Etat, à titre d'indemnité de guerre. Le roi, cette fois, n'osa pas faire opposition.

CHAPITRE II

LA QUESTION DE LA GUERRE. — DÉBUT DES HOSTILITÉS.

Louis XVI, dans son discours à l'ouverture de l'Assemblée, le 7 octobre, avait prodigué les assurances de paix, comme s'il eût ignoré l'existence d'une coalition formée contre la France, sur les sollicitations de ses frères, et en présence même du comte d'Artois. Le 27 août, au château de Pilnitz, près de Dresde, l'empereur Léopold et le roi Guillaume avaient signé une déclaration portant : « Que la cause du roi de France était d'un intérêt commun à tous les souverains de l'Europe, et que ceux-ci emploieraient les moyens les plus efficaces pour le mettre en état d'affermir les bases d'un gouvernement monarchique convenable aux droits des trônes et au bien-être de la nation française. »

Des articles secrets du traité réservaient aux parties contractantes le droit de disposer à leur gré de la Pologne, qui, elle aussi, venait de faire sa révolution (1791); comme si cette sœur de la France devait toujours être agitée des mêmes émotions et frappée des mêmes coups. La complicité du crime envers elle a servi de lien entre les puissances coalisées contre nous, et c'est dans ce mauvais germe que s'est développée plus tard la Sainte-Alliance.

Les menaces de la coalition n'avaient pas été suivies d'effet immédiat, la prudenee ayant parlé plus haut que la colère ; mais ce ne pouvait être qu'un ajournement : outre les griefs communs à tous les trônes de droit divin contre la Révolution, chaque puissance avait des motifs particuliers pour désirer la guerre : la maison d'Autriche et les Bourbons d'Espagne étaient jaloux de délivrer et de venger leur royale parenté ; l'Angleterre avait un premier ministre chez lequel s'incarnait la vieille haine nationale, ravivée encore par les événements d'Amérique ; la Russie et la Prusse ne demandaient qu'à troubler l'occident de l'Europe pour achever de dévorer la Pologne ; Gustave de Suède, le plus désintéressé et le plus ardent de tous, dans un sentiment de solidarité monarchique, avait hâte de former une « ligue du nord » contre la révolution : fier d'avoir su briser d'un coup de main les institutions de son pays pour y fonder son despotisme, il disait qu'avec une charge de cavalerie on aurait dispersé les factieux qui assiégeaient la Bastille. Madrid, Stockholm et Pétersbourg retiraient leurs ambassadeurs; les petits princes allemands, protecteurs des émigrés, étaient à leur tour protégés par les généraux de l'empereur.

La France devait-elle attendre une agression qui choisirait son moment? préviendrait-elle cette agression par un de ces mouvements rapides dans lesquels se montre presque toujours si puissant un peuple en révolution? Cette question agitait tout le pays, débattue à l'Assemblée, dans la presse, dans les sociétés populaires, et particulièrement au club des Jacobins.

Ce fut un grand spectacle, un spectacle qui rappelle l'antiquité, celui de ce peuple discutant sur ses plus solennels intérêts.

La division qui se fit alors dans les esprits offre une singularité : c'est l'opinion modérée, celle des Girondins, qui soutint la nécessité d'une guerre offensive; ce sont les Jacobins qui s'y opposèrent; ceux-ci ne manquaient de foi, certainement, ni dans la force des idées nouvelles, ni dans les ressources de la France; mais, en présence d'un pouvoir exécutif qu'ils jugeaient capable des plus odieuses trahisons, la défiance les dominait. Robespierre s'en fit l'interprète : « Ce n'est pas, disait-il, la guerre d'une nation contre d'autres nations, ni d'un roi contre d'autres rois, c'est la guerre de tous les ennemis de la Constitution française contre la Révolution française. »

Brissot fut l'organe principal de l'opinion adverse : la guerre, selon lui, était indispensable pour détruire le foyer de conspiration entretenu sur nos frontières, et pour décourager les ennemis du dedans : « Un peuple qui a conquis la liberté après dix siècles d'esclavage a besoin de la guerre pour consolider sa révolution. »

« Le mal est à Coblentz, » disait Brissot. « Le mal est aux Tuileries, » répondait Robespierre. Ces mots résument leur dialogue.

Les Jacobins s'inquiétaient de voir les armées aux mains du roi; les Girondins espéraient en avoir la direction par le ministre Narbonne; car, pas plus que leurs rivaux, ils ne se fiaient à la cour; et l'un des arguments qu'ils faisaient valoir en faveur de la guerre agressive, c'est que la cour n'en voulait pas, bien qu'elle en fît le semblant. La vérité, c'est qu'à la cour on était fort partagé : ceux qui méditaient des trahisons et qui appelaient le rétablissement de l'ancienne monarchie à tout prix, même sur une France en ruines, ne redoutaient pas un embrasement général; d'autres, les royalistes constitutionnels, comptaient sur des succès militaires dans une guerre partielle, pour accroître l'importance de l'armée, et donner par elle, au gouvernement, un moyen de contenir l'exigence de tous les partis.

La question de la guerre revint plusieurs fois à l'Assemblée, malgré les protestations du roi contre toute délibération sur ce sujet sans une proposition formelle de sa part. La Constitution, en effet, lui donnait le droit de diriger seul les négociations politiques.

L'opinion des Girondins dominait dans l'Assemblée ; ils soutenaient vivement Narbonne, dont la popularité grandissait, et que le roi destitua dans un moment d'humeur. Ce coup lui réussit mal; l'irritation et les défiances s'accrurent, et l'on entendit Vergniaud jeter ces rudes paroles de la tribune : « Je vois d'ici les fenêtres du palais où l'on trame la contre-révolution, où l'on combine les moyens de nous replonger dans les horreurs de l'esclavage, après nous avoir fait passer par tous les désordres de l'anarchie et par toutes les fureurs de la guerre civile. » Puis, rendant son agression cruellement personnelle contre la reine : « La terreur et l'épouvante sont souvent sorties, dans les temps antiques et au nom du despotisme, de ce palais fameux. Qu'elles y rentrent aujourd'hui, au nom de la loi ! Que tous ceux qui l'habitent sachent que le roi seul est inviolable; que la loi y atteindra sans distinction tous les coupables, et qu'il n'y a pas une tête, convaincue d'être criminelle, qui puisse échapper à son glaive. »

Louis XVI, pour conjurer l'orage, fut obligé de prendre un ministère entier de la main des Girondins : « des hommes accrédités par leurs opinions populaires. » Il les annonça dans ces termes à l'Assemblée. C'était, aux affaires étrangères, le général Dumouriez, vif, hardi, souple, ingénieux, plein de ressources, mais surtout dans l'intrigue; de moralité relâchée, de convictions peu sérieuses, coiffant le bonnet rouge au club des Jacobins, embrassant Robespierre, entretenant des relations avec les Girondins, sans préjudice de celles qu'il conservait personnellement avec M. de Laporte, intendant de la liste civile. La reine, dès les premiers jours, lui déclara nettement que ni elle ni le roi ne voulaient de la Constitution, et il s'accommoda de cette situation compliquée. — C'était, aux contributions publiques, le Genevois Clavière, auteur d'écrits estimés sur les finances, intègre, intelligent et courageux. — C'était, à l'intérieur, Roland, ou plutôt le ménage Roland, car la femme était ministre autant que le mari, et les affaires n'en allaient pas plus mal; Roland, ancien inspecteur du commerce et des manufactures, collaborateur de l'Encyclopédie, esprit sage et froid, riche de savoir et d'expérience, puritain d'intérieur et puritain d'habitudes; madame Roland, jeune, belle, républicaine enthousiaste, qui, à douze ans, pleurait de n'être pas née Spartiate, reine pourtant, reine de la Gironde, dit Michelet, l'âme de ce noble groupe auquel appartenait son mari. — Quant au portefeuille de la guerre, Dumouriez ne pouvant en tenir deux, l'avait laissé entre des mains qu'il faisait mouvoir à son gré, celles de de Grave.

La mort de l'empereur d'Allemagne, tué par ses débauches, et celle du roi de Suède, tué par ses nobles, dont il avait réduit l'influence, ces deux morts à quinze jours d'intervalle, ne changèrent rien à la situation extérieure: la disparition de Gustave enlevait aux coalisés leur champion le plus ardent; elle « faisait du vide dans le nord, » disaient les émigrés; mais, en revanche, le temporisateur, l'apathique Léopold était remplacé par son neveu François II, plus de jeunesse et moins de modération. Ce nouveau souverain débuta par diriger 40,000 hommes vers les Pays-Bas, 20,000 sur le Rhin, en adressant au gouvernement français une note très-hautaine, par laquelle il le sommait de rendre au Pape le comtat d'Avignon qu'un décret de la Constituante avait annexé, aux princes allemands des possessions qu'ils réclamaient en Alsace, et, en termes plus ou moins précis, le renversement de la nouvelle Constitution.

L'Assemblée accueillit cette communication par un cri de guerre, et le conseil des ministres opina pour une résolution énergique. Louis XVI, après beaucoup d'hésitations, se rendit à l'Assemblée : « Je viens, dit-il d'une voix émue, aux termes de la Constitution, proposer la guerre contre le roi de Hongrie et de Bohême, » François n'était pas encore empereur.

Le soir, séance très-animée ; quelques royalistes constitutionnels, Becquey, Jaucourt, Mathieu Dumas, s'opposèrent à la proposition du roi ; elle fut appuyée par les révolutionnaires de toutes nuances.

« Il faut, s'écria Merlin de Thionville, déclarer la guerre aux rois et la paix aux nations. »

« Vous allez décréter la mort de plusieurs milliers d'hommes, il est vrai ; mais vous allez décréter peut-être la liberté du monde entier, » dit Mailhe.

Le décret passa à l'unanimité moins sept voix. Rédigé par Gensonné, il proclame que « la nation française, fidèle aux principes consacrés par sa constitution, *de n'entreprendre aucune guerre dans la vue de faire des conquêtes, et de n'employer jamais ses forces contre la liberté d'aucun peuple*, ne prend les armes que pour la défense de sa liberté et de son indépendance. »

Et Condorcet écrivit sur le champ un exposé de motifs, où il démontrait avec une grande puissance de raison que l'Assemblée était obligée de répondre à des provocations intolérables.

De son côté, Louis XVI rédigea une protestation contre la guerre qu'il venait de provoquer, et la déposa dans une armoire de fer, forgée par lui-même, où il cachait ses papiers secrets (circonstance révélée par madame Campan, femme de chambre de la reine) ; puis il adressa à ses alliés de l'étranger les conseils suivants : Proclamer très haut qu'ils ne font pas la guerre à la France, mais à une faction antisociale, afin de séparer les Jacobins du reste de la nation ; notifier énergiquement à l'Assemblée, aux corps administratifs, aux municipalités, aux ministres aussi, qu'on les rendra personnellement et individuellement responsables, dans leurs corps et biens, de tous attentats commis sur la famille royale ; déclarer, en passant la frontière, que les coalisés ne veulent traiter qu'avec le roi. Quant aux émigrés français, il les priait de s'abstenir, afin de ne pas faire perdre à la guerre actuelle le caractère d'une guerre étrangère ; et il leur promettait en retour de veiller sur leurs intérêts quand le temps serait venu. Tel est le résumé des instructions données au Genevois Mallet du Pan, secrètement accrédité auprès des souverains étrangers. Ceux-ci approuvèrent lesdites instructions : c'est ce que nous apprend Bertrand de Molleville, un confident, enfant terrible du royalisme.

La déclaration de guerre fut accueillie en France par une joie presque universelle : on se sentait soulagé d'une pesante équivoque.

Mais la campagne débuta malheureusement. Conformément au plan de Dumouriez, qui consistait dans une invasion rapide de la Belgique, deux généraux de l'armée de Rochambeau, Biron, sortant de Valenciennes, et Dillon, sortant de Lille, se dirigent l'un vers Mons, l'autre vers Tournay. A la rencontre de l'ennemi, leurs soldats se débandent, la cavalerie de Dillon pousse les cris de : *Trahison ! sauve qui peut !* se précipite au milieu de l'infanterie et met le désordre dans ses rangs ;

tous rentrent pêle-mêle dans Lille, entraînant le général, qu'ils accusent de les avoir conduits dans un guet-apens ; Dillon est massacré.

Cette honteuse panique, qui paralysa les mouvements de Lafayette, inspira à l'ennemi le mépris de nos soldats, aux royalistes des espérances encourageantes ; aux yeux des Jacobins, c'était la confirmation de leurs défiances. Il fallut, pour nous relever dans l'opinion de nos adversaires et à nos propres yeux, les succès militaires que nous aurons bientôt le bonheur de raconter.

CHAPITRE III

LES PARTIS ET LA COUR. — LE 20 JUIN. LA PATRIE EN DANGER.

Nous avons signalé la grandeur du débat, si nouveau dans nos habitudes politiques, qui s'éleva au sujet de la déclaration de guerre. Ce débat donna aux partis l'occasion de se dessiner.

Brissot et Robespierre furent les principaux organes des opinions opposées.

Brissot n'était pas l'homme le plus éminent de son parti : Vergniaud comme orateur, Condorcet comme penseur, le primaient incontestablement; mais il avait une grande activité, un zèle de sectaire ; il savait manier tous les sujets avec une singulière dextérité ; il joua un rôle important sous la Constituante, sans en être membre, et devint sous la Législative une véritable puissance. Son nom servit à désigner tout un parti politique (les Brissotins). « A mesure que je l'ai connu davantage, je l'ai mieux estimé, » dit à son honneur Mme Roland. Grégoire lui accorde un témoignage analogue. Enfin Brissot fut un des premiers en France qui parlèrent de république.

Pétion, son compatriote et son ami, était mieux avoué comme le représentant des Girondins, et devait cette distinction à sa renommée de probité : c'est la vertu que le peuple estime le plus. Sans talents de premier ordre, Pétion avait parfaitement compris la situation. « Alliance de la bourgeoisie et du peuple, » telle était sa formule. « Réunis, ils ont fait la Révolution, disait-il, leur réunion seule peut la conserver. » Son influence personnelle était si grande, qu'une lettre dans laquelle il blâmait le bonnet rouge, comme pouvant devenir un signe de division entre les citoyens, ayant été lue à une séance des Jacobins, suffit pour faire rentrer tous les bonnets rouges dans les poches, à commencer par celui du président. Robespierre fut tellement frappé de ce fait, qu'il provoqua aussitôt une condamnation formelle de tout emblème autre que la cocarde et le drapeau tricolores.

C'est la discussion sur la guerre qui fonda la notoriété et la puissance de Robespierre, bien qu'il luttât alors contre le courant national. Les ressentiments et les enthousiasmes dont il était l'objet témoignent que dès lors il avait su prendre dans l'opinion une place considérable. Il se multiplia dans la presse et dans les clubs, ayant quitté le poste d'accusateur public, « comme on jette son bouclier pour combattre plus facilement » : l'expression est de lui. Robespierre déploya dans cette occasion des facultés oratoires très-supérieures à celles qu'il avait montrées à l'Assemblée constituante. Ce n'est pas que son débit étudié, sententieux et maussade, fût propre à séduire les esprits ; il les étonnait plutôt par le contraste de cette forme glaciale avec l'âpre passion qu'elle recouvrait ; mais il les dominait aussi par une dogmatique tranchante, qui, trop souvent, dissimulait la médiocrité de sa pensée. L'étrangeté d'une profession de foi religieuse, lancée au milieu du scepticisme girondin, contribua à lui gagner les âmes disposées au mysticisme, et les femmes, sur lesquelles il exerça toujours un remarquable ascendant. D'ailleurs, les mauvais côtés de son caractère s'accusaient déjà : envieux et orgueilleux, défiant, sans cesse attaquant et dénonçant ; il en voulait aux hommes tarés, parce que lui-même était honnête, et il en voulait aux réputations honnêtes, parce qu'elles contrebalançaient la sienne. « Peureux à faire pitié, » dit madame Roland, en souvenir de l'air effaré qu'elle lui avait vu dans quelques situations dangereuses. Il attisait volontiers le feu sans risquer de s'y brûler ; et pourtant un genre de courage ne lui manquait pas : la réprobation, la calomnie même le trouvèrent souvent inébranlable. Voilà le Robespierre que nous reverrons dans tout le cours de la Révolution. Le portrait physique répond au portrait moral : visage pâle et anguleux, attitude nerveuse et raide, costume étroit et correct.

Une autre popularité s'était établie par des moyens bien différents. Danton aussi trahissait son âme par sa figure et ses manières : de grosses lèvres impudentes, mais qui pouvaient sourire ; un œil ouvert par l'audace, sans manquer toutefois d'un certain épanouissement de bienveillance ; un front sillonné, des traits heurtés ;

véhément dans l'intrigue comme dans l'action, ce homme était une tempête vivante ; tout che lui était mouvement, passion, énergie, turbulence, improvisation ; peu de savoir acquis, pa d'élévation philosophique, pas d'idées profondes ni lointaines ; mais des vues pratiques, précises, dévisageant les personnes et les choses pas d'écrits, pas de discours, mais des explosions oratoires ; révolutionnaire réaliste, monceau de vices et de sentiments généreux. Danton, l'orateur du club des Cordeliers, dont Camille Desmoulins était l'écrivain, possédai toutes les qualités qui plaisent aux masses e les entraînent.

Un troisième personnage avait chez le populaire presque autant de crédit que ceux don nous venons de parler, parfois davantage : c'était Marat, le journaliste, l'*Ami du peuple*. Nu ne fut moins taillé en chef de parti. Aussi n l'était-il pas : son action s'exerçait isolément par une sorte de fascination due à l'excès mêm de sa violence. On le représente dévoré par l passion du bien public. La passion la plus louable, quand elle est poussée jusqu'au délire, dégénère en aberrations odieuses : elle allume de bûchers et dresse des échafauds. Il est difficile d'ailleurs, de rattacher Marat à aucune écol politique : il n'est ni royaliste, ni républicain son idée fixe est une dictature sanguinaire : excentricité, monstruosité !

A l'époque que nous racontons, ces troi hommes suivaient la même voie et semblaien alliés; on les baptisa bientôt du nom de triumvirs.

Les Girondins, dans le principe, votaient ave les Jacobins toutes les fois que la Révolutio se trouvait en cause ; bon moyen de conserve assez d'influence pour la tempérer. Mais ils se laissèrent aller à des sentiments de rivalité; ils voulurent former un parti distinct, prendre une attitude intermédiaire, que ne permettent pas les temps d'agitation. De ce moment on put prévoir que la direction du mouvement ne tarderait pas à leur échapper pour passer entre des mains plus entreprenantes.

La marche rapide de la Révolution avait décontenancé plusieurs des hommes qui s'étaient d'abord distingués par leur initiative, et qui maintenant, alarmés, résistaient. Les Feuillants, monarchistes constitutionnels, faisaient cause commune avec les anciens privilégiés, de sorte que le *côté du roi*, d'abord composé de cent membres à peine, s'éleva successivement à plus de deux cent cinquante.

L'historien pourrait appliquer aux partis de cette époque des dénominations introduites plus tard dans le langage parlementaire : les Jacobins formaient la gauche, les Girondins le centre gauche, les Feuillants le centre droit. Quant à la droite proprement dite, muette à l'Assemblée, c'est par la cour qu'elle était représentée. Ces partis inventaient des noms pour se désigner ou pour désigner leurs adversaires : les Girondins se décernaient le titre de *patriotes*, et traitaient les Jacobins d'*enragés* ou de *factieux*, en même temps qu'ils appelaient *modérés* les Feuillants; ceux-ci qualifiaient d'*anarchistes*, et les Jacobins qualifiaient d'*intrigants* tout ce qui n'était pas eux.

Chacun avait ses clubs. L'action des sociétés populaires fut immense au début de la Révolution. Sans ce mélange des hommes, sans la chaleur développée par leur contact, sans l'électricité de la parole, les principes des philosophes et des publicistes seraient restés le patrimoine de quelques lecteurs isolés. Chaque parti avait aussi ses journaux et ses journalistes : au premier rang, l'*Ami du peuple* et l'*Ami du roi*, Marat et l'abbé Royou, deux énergumènes en sens opposés ; les *Révolutions de Paris*, feuille rédigée par Prudhomme, les *Annales patriotiques* de Carra, *le Patriote Français* de Brissot, le *Courrier* de Gorsas, *le Défenseur de la Constitution* par Robespierre, représentaient des nuances diverses de l'opinion révolutionnaire.

Et, comme d'usage, les luttes les plus vives s'établissaient entre les nuances les moins radicalement séparées. Les Feuillants avaient beau se rapprocher des royalistes, ils en étaient plus détestés que les Girondins et les Jacobins eux-mêmes, et les Jacobins combattaient plus ardemment les Girondins que les royalistes. Chacun saisissait avec empressement les occasions de marquer son antagonisme : les révolutionnaires célèbrent-ils une fête en l'honneur des soldats de Châteauvieux, condamnés aux galères pour insubordination, aussitôt les royalistes en organisent une pour les funérailles de Simonneau, maire d'Etampes, massacré pendant une émeute occasionnée par la cherté des grains : *Fête de la loi*, disent-ils par opposition à celle de Châteauvieux : *Fête de la liberté*.

Quant à la cour, elle manœuvrait au sein de cette mêlée. Elle entretenait à grands frais (10,000 fr. par jour, dit M. Thiers) un *Club national*, composé d'hommes déterminés, ayant des armes cachées dans le lieu de leurs séances ; elle payait des motionnaires aux Jacobins, des claqueurs dans les tribunes de l'Assemblée ; sa tactique était d'accroître les irritations et de fatiguer la France du régime représentatif, pour lui faire regretter l'ancienne monarchie. Louis XVI suivait cette ligne, en ayant soin *de ne pas mettre en prise*, c'était son expression habituelle. Il affectait même de porter dans sa poche le livre de la Constitution, cherchant à tromper tout le monde, ses ministres les premiers: « S'il n'est pas un honnête homme, disait Roland, c'est le plus grand coquin du royaume : on ne dissimule pas comme cela. » Les natures qui manquent d'énergie manquent ordinairement de sincérité.

Malesherbes, en sage ami, lui conseillait une abdication. La reine, plus forte et plus passionnée, ne pouvait contenir et cacher son antipathie pour la Révolution; elle ne voulait rien devoir qu'à la coalition, et la pressait d'agir activement. « La meilleure manière de nous servir est de nous tomber sur le corps, » écrivait-elle au ministre de son frère l'empereur d'Allemagne.

Depuis longtemps, les journaux dénonçaient au public, et Gensonné dénonça le 23 mai à l'Assemblée, l'existence d'un *comité autrichien*, sorte de conseil occulte, auquel on attribuait le projet d'enlever la famille royale et de faire massacrer l'Assemblée.

Autre cause d'inquiétude permanente : l'ancienne *maison du roi* avait été remplacée par une *garde constitutionnelle;* mais le nom seul était changé. Cette cohorte, recrutée de jeunes royalistes fanatiques et de spadassins propres à tous les coups de main, parut à l'Assemblée une menace pour les libertés publiques; elle en vota le licenciement, et Louis XVI, sur les instances de Dumouriez, signa le décret; mais le licenciement ne fut qu'apparent : les prétoriens continuèrent à toucher leur solde. Servan, qui avait remplacé de Grave au ministère de la guerre, fervent Girondin, résolut de déjouer les intentions hostiles de la cour : il fit décider par l'Assemblée la formation d'un camp de vingt mille fédérés pour protéger la représentation nationale et Paris.

Quelques jours auparavant, l'Assemblée, à laquelle arrivaient sans cesse des rapports alarmants sur les menées factieuses des prêtres réfractaires, avait pris contre eux une mesure sévère : sur la dénonciation de vingt citoyens actifs et sur l'avis conforme du directoire du district, l'administration du département pouvait prononcer leur exil du canton dans les vingt-quatre heures, le bannissement hors du département en trois jours, et la déportation hors du royaume dans un mois.

Le roi ajourna, sous divers prétextes, sa sanction à ces deux décrets, résolu d'avance à les repousser. Quand il fit connaître ce refus au conseil des ministres, une scène très-vive éclata, et Roland adressa à Louis XVI une lettre énergique, où se trouvent ces mots : « Bientôt le peuple contristé croira apercevoir dans son roi l'ami et le complice des conspirateurs. »

Cette lettre fut un événement : elle jetait une lumière profonde sur ce que l'œil du pays ne faisait qu'entrevoir. Louis XVI congédia brutalement les trois ministres girondins, et l'Assemblée lui répondit aussitôt en déclarant qu'ils emportaient les regrets de la nation.

« Délivrez-moi de ces trois factieux, » avait dit le roi à un autre de ses ministres, à Dumouriez ; et Dumouriez s'était séparé de ses collègues sous condition que les décrets seraient sanctionnés ; mais, trois jours plus tard, le roi refusant de tenir parole, il fut obligé de déposer également son portefeuille, ce qui rétablit sa popularité compromise.

Quelques hommes obscurs, empruntés au parti des Feuillants, composèrent le ministère nouveau. Parti démonétisé, Louis XVI ne l'ignorait pas. Mais il ne songeait qu'à gagner du temps. Le roi, d'ailleurs, était tombé dans un anéantissement moral qui dura plusieurs jours, et dont il ne sortit que galvanisé par son entourage.

Tout contribuait à redoubler l'agitation des esprits : la surabondance du papier-monnaie et la rareté du numéraire, qui rendaient les transactions difficiles et favorisaient les manœuvres d'agiotage ; une disette plus apparente que réelle et des bruits d'accaparement ; des émeutes locales, suscitées par le clergé réfractaire et par les agents de l'émigration.

Sur ces entrefaites, le 16 juin, le général Lafayette, de son camp retranché de Maubeuge, écrivit à l'Assemblée une lettre dans laquelle il exprimait sa satisfaction du renvoi des ministres girondins, accusant hautement de tous les désordres la *faction jacobite*. Il invitait les députés à remplacer le règne des clubs par celui de la loi, à faire respecter le pouvoir royal et à porter leur attention sur les besoins de l'armée, protectrice de la patrie.

Cette missive, conçue en termes impératifs, enhardit les réactionnaires ; elle souleva, du côté opposé, une tempête d'indignation. « Il est impossible qu'un pareil écrit soit de M. de Lafayette, s'écria Guadet ; l'émule de Washington ne voudrait pas imiter le langage tenu par Cromwell, quand la liberté était perdue en Angleterre. »

Le lendemain, comme pour jeter un défi à l'Assemblée, le nouveau ministère vint lui signifier le *veto* du roi sur les décrets relatifs aux prêtres agitateurs et au camp des fédérés.

Le peuple de Paris se chargea de répondre à la lettre et au *veto*.

Le 20 juin, anniversaire de la séance du Jeu-de-Paume, dès le matin, la foule s'ébranle pour célébrer une fête commémorative de ce grand acte et planter un arbre de la liberté. Sur des bannières et sur des banderoles flottantes sont écrits ces mots : *La Constitution ou la mort.* Santerre, riche brasseur au faubourg Saint-Antoine, commandant de bataillon dans la garde nationale, se met à la tête du mouvement. La procession, qui se multiplie en route, arrive aux portes de l'Assemblée, demandant à défiler devant elle. La loi s'oppose aux rassemblements de pétitionnaires armés; mais cette loi, souvent enfreinte sous la Constituante, et de son aveu, comment la faire observer aujourd'hui, sans risquer des scènes sanglantes, comme celle du champ de Mars? Telles sont les paroles de Vergniaud, et il réclame les honneurs de la séance pour les citoyens qui se présentent. Ceux-ci sont admis; ils donnent lecture d'une adresse fort audacieuse dans son langage, où, tout en protestant de leur respect pour la Constitution, ils se plaignent du désaccord qui existe entre le pouvoir exécutif et l'Assemblée, de l'inaction dans laquelle on laisse les armées, sollicitent des mesures rigoureuses contre les ennemis de la Révolution, et proclament le droit de *résistance à l'oppression.*

La Législative siégeait encore dans un local improvisé pour la Constituante quand elle avait quitté Versailles, un ancien manége situé sur l'emplacement de la rue de Rivoli, au point où elle rencontre la rue Castiglione.

Le palais des Tuileries n'est pas loin. L'attroupement se dirige de ce côté ; mais sa marche est ralentie par celle du char qui porte l'arbre de la liberté, un grand peuplier amené du faubourg et destiné à être dressé devant le palais. Comme personne ne peut avancer ni reculer, ceux qui entourent l'arbre s'amusent à le planter au lieu même où ils se trouvent, dans l'ancien jardin potager des capucins, attenant au manége.

Cependant la tête de la file gagne du terrain; le palais des Tuileries est envahi sans résistance ; une multitude, plus curieuse qu'hostile, parcourt les salons sans se douter qu'elle commet une violation de domicile. On arrive en désordre à la porte du roi ; on en brise les panneaux. Le roi appelle à lui quelques gardes nationaux qui l'environnent; il se place sur un siége élevé dans l'embrasure d'une fenêtre et fait ouvrir la porte par un huissier. La salle se remplit aussitôt d'hommes, de femmes et même d'enfants, agglomération étrange d'allure et de costume : plusieurs sont armés, qui d'une pique, d'une hache ou d'un vieux sabre, qui d'une baïonnette ou d'une pointe de fer emmanchée au bout d'un bâton ; une pièce de canon, montée à bras, apparaît au milieu de tout ce monde. Beaucoup aussi ne portent que des fleurs ou des rameaux verts. Hurlements, reproches, menaces, mais plus de cris de joie et de surprise que de colère. On dit au roi : « Rappelez les ministres patriotes ! Sanctionnez les décrets ! » Quelqu'un lui présente un bonnet rouge, et il le met sur sa tête : grands applaudissements. On lui passe une bouteille, il boit *à la nation* :

applaudissements nouveaux. Sa fermeté d'ailleurs ne se dément pas ; il ne fait aucune concession.

La foule se dispersa seulement à l'arrivée du maire de Paris, Pétion, et des députés envoyés pour protéger la personne de Louis XVI. L'attroupement durait depuis le matin, et l'occupation du château depuis deux heures. Cette tardive intervention de l'Assemblée et de la municipalité, toutes deux dominées par les Girondins, a permis qu'on attribuât à ceux-ci l'intention de peser sur le roi, pour obtenir la rentrée de leurs amis au ministère, et la sanction des décrets refusés. Peut-être songeaient ils à un changement plus complet de gouvernement. Mais l'histoire raconte tant de scènes analogues qui s'expliquent par le seul entraînement des masses populaires, que l'on peut se passer de cette interprétation.

Quoi qu'il en soit, Pétion étant allé le lendemain aux Tuileries pour rassurer le roi sur la tranquillité de Paris, fut reçu par lui très-brutalement, insulté même par les gens du château ; et le Directoire du département, dévoué à la cause royaliste, le suspendit de ses fonctions de maire, en même temps que Manuel, procureur syndic de la commune, comme complices de l'émeute. Mais ce fut un échec de plus pour la Cour : l'Assemblée réintégra les deux magistrats.

Lafayette, au bruit de ces événements, quitte son armée, vient à Paris seul, et se rend à l'Assemblée. Admis à la barre, il se dit l'interprète autorisé de ses soldats. « Au nom de tous les Français qui aiment leur pays, sa liberté, son repos et les lois qu'il s'est données, » il demande « que les instigateurs des violences commises le 20 juin aux Tuileries soient punis comme criminels de lèse-nation, » il demande la destruction « d'une secte qui envahit la souveraineté et tyrannise les citoyens. Les débats publics, dit-il, ne laissent aucun doute sur l'atrocité des projets de ceux qui la dirigent. »

Ces mots prononcés, le général traverse la salle, suivi par des applaudissements.

Tout à coup, Guadet se lève, et, s'exprimant avec une éloquente ironie :

« Au moment où la présence de M. de Lafayette à Paris m'a été annoncée, une idée bien consolante est venue s'offrir à moi : ainsi, me suis-je dit, nous n'avons plus d'ennemis extérieurs ; ainsi les Autrichiens sont vaincus. Cette illusion n'a pas duré longtemps : nos ennemis sont toujours les mêmes, notre situation extérieure n'a pas changé ; et cependant M. de Lafayette est à Paris ! Quels puissants motifs l'y amènent ? Nos troubles intérieurs ? Craint-il donc que l'Assemblée nationale n'ait pas assez de prévoyance pour les réprimer ? Il se constitue l'organe de son armée et des honnêtes gens ; ces honnêtes gens, où sont-ils ? Cette armée, comment a-t-elle pu délibérer sans violer la Constitution ? »

Puis il signale le danger d'attribuer aux généraux le droit de pétition.

Lafayette, mu par un sentiment chevaleresque, dont la cour ne lui savait aucun gré, posait un précédent fatal, bien contraire aux maximes de sa vie : l'intervention du militaire dans la politique.

La cour repoussait tout appui des constitutionnels, de peur qu'ils n'en demandassent la récompense en libertés publiques. Lafayette surtout était tenu en aversion par la reine.

Nous avons vu celle-ci lui préférer Pétion comme maire de Paris. Cette fois encore, Lafayette ayant préparé une revue de la garde nationale, qu'il se proposait de haranguer, elle en fit avertir Pétion, afin qu'il donnât contre-ordre : « Mieux vaut périr, dit-elle, que d'être sauvés par Lafayette et les constitutionnels. »

Le général tenta vainement de réunir autour de lui des volontaires pour faire un petit coup d'Etat contre les Jacobins : au premier appel, cent personnes, au second trente. Retourné tristement à son camp, il écrivit à l'Assemblée une nouvelle lettre dans le même esprit que l'autre, sans plus de résultat ; le soir même de son départ, on avait brûlé au Palais-Royal un mannequin à son image.

Lafayette, en quittant son armée, n'avait négligé aucune précaution nécessaire à sa sûreté. Mais, pendant son absenee, ses lieutenants étaient demeurés dans une attitude expectante, laissant arriver par Coblentz quatre-vingt mille Prussiens, qui n'étaient que l'avant-garde de la coalition européenne. Luckner fit retraite sur Lille et Valenciennes. On cria à la trahison. L'Assemblée, pour briser les instruments dont la contre-révolution aurait pu se servir, décréta le licenciement des états-majors de la garde nationale de Paris et des autres grandes villes.

C'était le 2 juillet; le 3, Vergniaud prit la parole, et son discours fut un événement, en même temps qu'un modèle d'éloquence politique. Il exposait les dangers de la France et suppliait l'Assemblée de les prévenir par son énergie. Si les soldats de la coalition mettent en péril notre indépendance, disait-il, ce n'est pas que nous manquions de forces à leur opposer; c'est que l'emploi de ees forces est remis à des mains qui ne savent ou ne veulent pas en user dans l'intérêt national. L'orateur dénonçait le renvoi des ministres populaires au moment où l'accord de tous les pouvoirs était indispensable, et il menaçait les nouveaux conseillers de la couronne d'une terrible responsabilité, s'ils persistaient à refuser les décrets de salut proposés par l'Assemblée.

« Mais ce n'est pas tout de jeter les ministres dans l'abîme que leur incurie ou leur malveillance aurait creusé, s'écrie l'orateur ; je veux déchirer le bandeau que l'intrigue et l'adulation ont mis sur les yeux du roi, et lui montrer le terme où ses perfides amis s'efforcent de le conduire.

» C'est *au nom du roi* que les princes français ont tenté de soulever contre nous toutes les cours de l'Europe ; c'est pour *venger la dignité du roi* que s'est conclu le traité de Pilnitz; c'est pour *défendre le roi*, *venir au secours du roi*, que le souverain de la Bohême et de la Hongrie nous fait la guerre, et que les émigrés sollicitent des emplois dans son armée. Tous les maux qu'on s'efforce d'accumuler sur nos têtes, c'est *le nom seul du roi* qui en est le prétexte ou la cause.

» Or, je lis dans la Constitution : « Si le roi se
» met à la tête d'une armée et en dirige les for-
» ces contre la nation, ou s'il ne s'oppose pas
» par un acte formel à une telle entreprise qui
» s'exécuterait en son nom, il sera censé avoir
» abdiqué la royauté. »

» Qu'est-ce qu'un acte formel d'opposition? La raison me dit que c'est une résistance proportionnée au danger. — Si, dans la guerre actuelle, cent mille Autrichiens marchaient vers la Flandre, cent mille Prussiens vers l'Alsace, et si le roi ne leur opposait que dix ou vingt mille hommes, aurait-il fait l'*acte formel* dont parle la constitution? — Si le roi, instruit des mouvements de l'armée prussienne, n'en donnait aucune connaissance à l'Assemblée nationale; si le roi disposait avec lenteur les préparatifs de défense, refusait la formation d'un camp de réserve jugé nécessaire pour arrêter les progrès de l'ennemi; si le roi laissait le commandement d'une armée à un général suspect, et refusait des renforts à celui qui mérite la confiance de la nation, remplirait-il son devoir constitutionnel? »

A ces suppositions frappantes l'orateur en ajoute une nouvelle :

« Et maintenant si le roi, pour toute justification, répondait : j'étais dans mon droit, je ne l'ai point dépassé : la Constitution m'attribue le choix des ministres, la formation et le mouvement des armées, la sanction des décrets législatifs; il n'est émané de moi aucun acte que la Constitution condamne; il n'est donc pas permis de douter de ma fidélité pour elle;

» Si le roi parlait de son amour pour la Constitution avec une ironie aussi insultante, les Français ne seraient-ils pas en droit de lui répondre :

» O roi, qui sans doute avez cru, avec le tyran Lysandre, que la vérité ne valait pas mieux que le mensonge, et qu'il fallait amuser les hommes par des serments comme on amuse les enfants avec des osselets; qui n'avez feint d'aimer les lois que pour conserver la puissance qui vous servirait à les braver, pensez-vous nous abuser aujourd'hui avec d'hypocrites protestations? Etait-ce nous défendre que d'opposer à l'étranger des forces dont l'infériorité ne laissait pas même d'incertitude sur leur défaite ? Etait-ce nous défendre que de paralyser sans cesse le gouvernement par la désorganisation du ministère ? La Constitution vous laissa-t-elle le choix des ministres pour notre bonheur ou notre ruine ? vous fit-elle chef de l'armée pour notre gloire ou notre honte ? vous donna-t-elle le droit de sanction, une liste civile et tant de grandes prérogatives, pour perdre constitutionnellement la Constitution et l'empire ? Non, non ! homme que la générosité des Français n'a pu émouvoir, homme que le seul amour du despotisme a pu toucher, vous ne recueillerez point le fruit de votre parjure : Vous n'êtes plus rien pour cette Constitution que vous avez si indignement violée, pour ce peuple que vous avez si lâchement trahi ! »

Bien que le mot de déchéance ne fût pas prononcé dans ce discours, l'allusion était assez claire. Cependant Vergniaud proposa seulement un message au roi, pour l'inviter à prendre les mesures commandées par les circonstances.

Il proposa surtout de déclarer *la patrie en danger*.

Grave résolution, dont les conséquences légales devaient être la permanence des conseils de département, de district et de commune, celle des fonctionnaires publics, des gardes nationales, de tous les citoyens en état de porter les armes.

L'Assemblée la discuta dans ses comités et en séance générale. Il ne fallait pas qu'elle parût un cri de détresse, mais un appel réfléchi au sentiment patriotique.

Le 11 juillet, au milieu d'un silence profond, le président Aubert Dubayet, debout, d'un accent solennel, que relevait encore sa noble et martiale figure, prononça cette formule : *Citoyens ! la patrie est en danger.*

Le 22, la même annonce fut faite à la population de Paris, avec un grand appareil : le canon fut tiré d'heure en heure ; des officiers municipaux, escortés par des détachements de gardes nationales, de cavalerie et d'artillerie, parcoururent la ville, précédés d'huissiers porteurs de bannières et d'une musique qui exécutait les airs nationaux ; ces cortéges s'arrêtaient de distance en distance et la lecture était répétée ; cérémonie sévère, qui avait pour but de peindre la gravité de la situation sans jeter dans les âmes le trouble et l'effroi. Sur les places publiques s'élevaient des amphithéâtres pour les bureaux d'enrôlement. Il se présenta environ dix mille volontaires à Paris. Des applaudissements chaleureux saluaient les nouveaux enrôlés. Bientôt les routes furent couvertes de jeunes gens des provinces, partant pour la croisade patriotique, le sac sur le dos et vêtus encore des habits de leurs professions diverses. Ils marchaient en chantant un hymne national, composé à l'armée du Rhin par un officier du génie, nommé Rouget de l'Isle, et qui déjà courait toute la France ; cet hymne portait le nom de *Marseillaise*, parce que les fédérés de Marseille l'avaient adopté pendant leur voyage vers Paris. L'enthousiasme de ce moment fut sérieux et profond.

« Francais, les nations vous contemplent, dit l'Assemblée dans sa proclamation ; étonnez-les par le majestueux déploiement de vos forces et d'un grand caractère. Union, respect pour les lois, courage inébranlable. Bientôt la victoire vous couronnera ; et les peuples qu'on arme aujourd'hui contre votre Constitution ambitionneront de s'unir à vous par les liens de la fraternité. »

CHAPITRE IV

PROJETS EN FAVEUR DE LOUIS XVI. — LE MANIFESTE DE BRUNSWICK. — LE 10 AOUT.

Le comité militaire de l'Assemblée déploya une grande activité pour mettre le pays en défense. Dès le mois de novembre précédent, pour combler les vides faits dans l'armée par l'émigration, sur un rapport d'Albitte, on avait admis les gardes nationaux de tous les départements à concourir aux grades ; Carnot l'aîné avait proposé de remplacer les officiers déserteurs par des sergents ; le même député fit décréter, au mois de juin, la distribution de 300,000 fusils aux gardes nationales des frontières ; puis la fabrication de 200,000 piques pour suppléer aux armes à feu qui manquaient; son frère, Carnot-Feulins, fit porter l'effectif à 450,000 hommes. On mit en état les places fortes, et l'on rendit un décret qui interdisait toute capitulation avant une brèche praticable et un assaut ; les commandants militaires, dont on se défiait, ne devaient même, en pareil cas, entrer en pourparlers qu'avec le consentement des autorités civiles.

Ceux qui connaissaient bien la situation la jugeaient infiniment périlleuse : le ministre Narbonne avait toujours exagéré nos forces ; son successeur, Servan, n'évalue pas celles qui protégeaient nos frontières à plus de 93,000 hommes, tandis que l'ennemi en comptait au delà du double.

Paris accueillait par des fêtes les fédérés de la province; il en offrit une aux Bretons, le 26 juillet, sur l'emplacement de la Bastille. Les Marseillais arrivèrent le 30. Ils ne s'étaient pas mis en marche seulement pour combattre les ennemis étrangers : ils venaient, sur l'appel des démocrates parisiens, pour prêter main forte à la Révolution. « C'était la portion la plus exaltée d'une ville où les passions sont ardentes, » dit un historien, leur compatriote (M. Thiers). Mais, bien loin d'être, comme on a feint de le croire, des échappés du bagne, « c'étaient pour la plupart des hommes d'élite et des militaires expérimentés. » Ce témoignage leur est donné par quelqu'un qui les avait coudoyés à l'assaut des Tuileries, l'honorable M. Moreau de Jonnès (1). Leur nombre a d'ailleurs été fort exagéré : il ne s'élevait pas à plus de cinq cents. Les démocrates leur donnèrent un banquet aux Champs-Elysées; mais, le même jour et au même lieu, les royalistes fêtaient les gardes nationaux de la section des filles St Thomas, où leur opinion dominait. Un conflit éclata entre les deux groupes, et le sang coula.

Les esprits étaient alors fort agités par les accusations lancées contre Lafayette à la tribune de l'Assemblée législative, à celle des Jacobins et dans les journaux. Après son malencontreux voyage à Paris, le général s'était mis en rapport avec Luckner pour délivrer le roi de l'oppression à laquelle il le disait livré. Ses lettres et les aveux de Luckner ne laissent aucun doute sur ce projet, qui se trouve, d'ail-

(1) Aventures de guerre au temps de la République et du Consulat.

leurs, développé dans un écrit de Lally-Tolendal :

« Le roi rétabli dans tout son pouvoir légal ;

» Une large et nécessaire extension de ses prérogatives sacrées ;

» Une véritable monarchie, un véritable monarque, une véritable liberté ;

» La Constitution révisée, abolie en partie, en partie améliorée et rétablie sur une meilleure base ;

» L'ancienne noblesse rétablie dans ses anciens priviléges, non pas politiques, mais civils, dépendants de l'opinion, comme titres, armes, livrées, etc. »

Mais ce plan de contre-révolution faisait encore, aux yeux de la cour, trop de réserves en faveur de la liberté. « Le meilleur conseil à donner à M. de Lafayette, répondit le roi, est de servir toujours d'épouvantail aux factieux, en remplissant bien son métier de général. Par là, il s'assurera de plus en plus la confiance de son armée, et pourra s'en servir comme il voudra au besoin. »

Louis XVI n'éprouvait donc pas de répugnance pour un coup d'état militaire ; il n'y faisait que cette objection : « La manière me paraît impraticable. » Son entourage et lui n'avaient de confiance que dans l'invasion étrangère. Mais ce secours n'était pas sans péril : « J'ai l'imagination frappée de la rage qui va s'emparer de toutes ces têtes perdues à la première ville qui va nous être prise, » disait Lally-Tolendal ; inquiétude trop bien fondée, car la prise de Longwy donna le signal des massacres de septembre.

De toutes parts était demandée la mise en jugement de Lafayette. Les Girondins se prononçaient vivement contre lui. Quelques-uns d'entre eux, cependant, en prévision d'une lutte qui semblait ne pouvoir se terminer que par le triomphe de l'un des partis extrêmes, tentèrent, dit-on, un compromis avec la royauté. Ils conseillèrent à Louis XVI de faire cesser par son influence les hostilités des souverains étrangers, d'ôter à Lafayette, dépopularisé, le commandement de l'armée, de choisir un ministère patriote, et de regagner, s'il était possible, la confiance publique, en déclarant qu'il n'accepterait aucune augmentation de son pouvoir sans le libre et formel consentement de la nation. Le 26 juillet, Guadet donna lecture d'un projet d'adresse au roi, rédigé par Condorcet, dans lequel étaient exposés en termes sévères les dangers de sa conduite et les justes défiances qu'elle inspirait. On l'invitait, « pour sauver la patrie et sa couronne avec elle, » à rentrer sincèrement dans les voies de la Constitution. Ces avis, venant d'un parti dont les tendances républicaines n'étaient un mystère pour personne, furent, et devaient être aussi mal accueillis que ceux de Lafayette. Le roi les repoussa durement. Quant aux patriotes ardents, ils repoussèrent aussi le projet de Condorcet, parce qu'ils ne croyaient pas à la sincérité du roi, et que tout arrangement avec lui leur semblait contenir un piége.

La tentative des Girondins révèle leurs inquiétudes sur le dénoûment de la crise qui se préparait. Souvent, dans le courant de juillet, raconte madame Roland, nous causions avec Servan et Barbaroux, et voyant les affaires empirer par la perfidie de la cour et la marche menaçante des étrangers, nous cherchions où pourrait se réfugier la liberté. Barbaroux conseillait la Provence, son pays, dont il peignait l'esprit comme excellent. « Mais, ajoutait-il, j'espère que les Marseillais qui arrivent réussiront, d'accord avec les Parisiens, à réduire la cour, et que la République sortira de là. » Des plans de soulèvement populaire se débattaient dans les conciliabules ; mais les grands meneurs y faisaient défaut ; Girondins et Jacobins, tous semblaient se réserver. Robespierre ne parut point à une réunion du comité insurrectionnel, tenue dans sa propre maison. Danton lui-même, l'audacieux Danton, après avoir prêché aux Cordeliers, de sa voix puissante, n'y retourna plus, ne se montra nulle part ; il hésita finalement aussi, et s'abstint de tout rôle actif. Ce sont des inconnus qui prirent la tête du mouvement ; le peuple agit comme par un effort désespéré, pour sortir d'une situation devenue intolérable, pour se dégager d'un pouvoir par lequel il se croyait trahi. Ses bandes désordonnées assiégèrent témérairement des troupes aguerries, bien armées et retranchées dans une sorte de forteresse : la réflexion eût suggéré plus de prudence, et n'eût peut-être pas réussi.

Les chances raisonnables, en effet, paraissaient être du côté de la cour. « Loin de craindre une attaque, dit le marquis de Ferrières, elle espérait en profiter pour se rendre maîtresse de Paris. » L'Assemblée n'augurait pas autrement de l'issue du combat ; ce qui le témoigne, c'est sa décision dans l'affaire Lafayette : 406 voix contre 224 repoussèrent la mise en accusation du général, qui venait de faire une manifestation si éclatante en faveur de la royauté.

La cour puisa dans ce vote significatif de nouvelles espérances. Elle comptait d'ailleurs sur cinquante mille hommes armés et douze pièces de canon ; mais nous verrons combien elle se faisait illusion sur les dévouements.

Une cause d'exaspération plus vive que toutes les autres précipita la catastrophe. Le duc de Brunswick, généralissime de la coalition étrangère, en mettant le pied sur le sol français, lança un manifeste célèbre, qui porte son nom, bien qu'un autre en eût été le rédacteur et que lui-même le déclarât déplorable. On a attribué ce factum à un émigré nommé Simon Helvin. Quelques personnes ont cru y reconnaître la main de Calonne, l'ancien ministre des finances. Quoi qu'il en soit, comme les documents fournis par Mallet-Dupan, le missionnaire de Louis XVI, ont servi de base à ce manifeste, les journaux du temps ne se trompaient guère en disant qu'il venait des Tuileries.

Après un exposé des griefs de Leurs Majestés d'Autriche et de Prusse contre la France, accusée par elles d'avoir supprimé les droits des princes allemands en Alsace et en Lorraine, d'avoir troublé l'ordre et renversé un gouvernement légitime, le chef des armées combinées annonce aux Français qu'il est chargé de leur rendre le bonheur et la paix, et que, s'ils osent se défendre, « ils seront punis suivant la rigueur du droit de la guerre, et leurs maisons démolies ou brûlées. »

« La ville de Paris et tous ses habitants, sans distinction, seront tenus de se soumettre sur-le-champ au roi, de mettre ce prince en pleine et entière liberté, et de lui assurer, ainsi qu'à toutes les personnes royales, l'inviolabilité et le respect auxquels le droit de la nature et des gens oblige les sujets envers les souverains; Leurs Majestés impériale et royale, rendent personnellement responsables de tous les événements, sur leur tête, pour être jugés militairement, sans espoir de pardon, tous les membres de l'Assemblée nationale, du département, du district, de la municipalité et de la garde nationale de Paris, les juges de paix et tous autres qu'il appartiendra ; déclarant, en outre, leurs dites Majestés, sur leur foi et parole d'empereur et roi, que si le château des Tuileries est forcé ou insulté, que s'il est fait la moindre violence, le moindre outrage à Leurs Majestés le roi, la reine et la famille royale, s'il n'est pas pourvu immédiatement à leur sûreté, à leur conservation et à leur liberté, elles en tireront une vengeance exemplaire et à jamais mémorable, en livrant la ville de Paris à une exécution militaire et à une subversion totale, et les révoltés coupables d'attentats aux supplices qu'ils auront mérités. »

Daté du 25 juillet, ce document fut imprimé dès le 28 par les journaux royalistes, qui semblaient ainsi s'en rendre hautement solidaires. La correspondance du père Lanfant, confesseur de Louis XVI, nous apprend, en effet, qu'on l'admirait beaucoup dans le monde où il vivait ; on approuvait surtout *l'article qui concerne Paris*, et lorsqu'on parlait des soldats de la coalition, c'est en disant : *nos armées*.

Cependant, la France s'était soulevée d'indignation à la lecture de cet injurieux défi ; et, quant aux menaces, nul ne pouvait douter qu'elles fussent sérieuses, puisque la petite ville de Sierck, ayant résisté à l'avant-garde prussienne, avait été livrée à une exécution militaire.

L'opinion se prononçait avec une vivacité croissante contre Louis XVI, complice de toutes ces attaques. Sa déchéance du trône était réclamée dans les pétitions, dans les groupes de fédérés, dans les journaux, dans les clubs. Les 48 sections de Paris, une exceptée, résolurent d'en porter le vœu à l'Assemblée.

« Jamais peut-être, dit un historien, unanimité pareille ne se rencontra dans une grande population et dans une affaire difficile et dangereuse. » Une de ces sections (la section Mauconseil) alla jusqu'à déclarer qu'elle ne reconnaissait plus Louis XVI pour roi des Français.

Le conseil de la commune de Paris ne respectait pas davantage la hiérarchie des autorités : il envoyait directement des commissaires au camp de Soissons, sous prétexte de surveiller, dans l'intérêt des familles, le traitement fait aux volontaires nationaux. Des administrations locales prenaient les mêmes allures d'indépendance, et s'érigeaient en pouvoirs publics. Un conseil général (celui du Calvados), ne tenant aucun compte du veto royal, mettait à exécution les mesures proposées contre les prêtres réfractaires et perturbateurs, en modifiant même ces mesures selon sa convenance. Un autre, celui des Bouches-du-Rhône, arrêtait le versement des fonds dans les caisses de l'Etat, pour les appliquer à solder les volontaires. Cette anarchie alla croissant jusqu'à l'établissement de la République. Cependant il est impossible de ne pas reconnaître, au milieu de tant d'actes irréguliers, une communauté de sentiment et de but qui atteste l'unité de l'impulsion révolutionnaire.

Les sections de Paris avaient chargé Pétion de présenter la demande de déchéance. Cette demande, en passant par la bouche du maire de la capitale, prenait un caractère très-grave. Pétion s'acquitta de sa mission le 3 août. Ce jour même, Louis XVI dénonçait à l'Assemblée le manifeste de Brunswick, connu déjà de tout le monde depuis cinq jours, et il accompagnait son message officiel de protestations d'attachement à la Constitution, qui étaient accueillies par des murmures ironiques.

L'Assemblée fixa au 9 août suivant, séance du soir, la discussion sur la déchéance. Une section du faubourg Saint-Antoine déclara, sans être improuvée par les autres, que si justice n'était pas faite au peuple à onze heures, à minuit le tocsin sonnerait.

L'Assemblée, cependant, crut devoir ajourner sa décision, en se fondant sur ce que la volonté du peuple ne lui semblait pas encore assez manifeste. Ce fut le signal de l'explosion.

Au milieu de la nuit, nuit claire et belle, les sections s'assemblent; elles nomment chacune trois commissaires chargés de pleins pouvoirs pour *sauver la patrie* : pas de formule plus précise. Ceux-ci, au nombre de quatre-vingt-deux (aucun des chefs en renom, ni Robespierre, ni Danton, ni Marat), se rendent isolément et sans armes à l'Hôtel de Ville ; ils y pénètrent et s'installent dans une pièce voisine de celle où siége le conseil légal de la commune; puis, au coup de tocsin, ils se montrent, se font reconnaître, exhibent leurs pouvoirs et s'emparent des fauteuils laissés vacants par le conseil destitué. Ce fut un coup de théâtre unique en son genre. Maîtres de la position, ils commencent par désorganiser la défense des Tuileries, en appelant à l'Hôtel de Ville le commandant de la garde nationale, Mandat, gagné au parti royaliste. C'était un des six chefs de légion qui commandaient à tour de rôle. Mandat croit obéir à l'ancienne municipalité et se trouve en présence de la commune insurrectionnelle; on lui montre un ordre donné par lui de dissiper *en l'attaquant par derrière*, la colonne populaire dirigée vers le château. Mandat est envoyé en prison. Mais le bruit de sa trahison s'est répandu : on le tue sur les marches de l'Hôtel-de-Ville.

Sa mort ne fut pas connue immédiatement aux Tuileries. On s'y croyait toujours protégé par les dispositions militaires qu'il avait dû prendre. Le château et ses alentours étaient occupés, dit-on, car les relations sur ce point varient beaucoup, par trois régiments suisses auxquels se mêlaient, sous le même habit rouge, l'ancienne maison du roi, conservée et soldée malgré les décrets de l'Assemblée, par un millier à peu près de gentilshommes dévoués et par plusieurs bataillons de gardes nationaux.

Au point du jour, le roi descend pour passer en revue sa garnison assemblée. Mais les serviteurs de la cour se livrent à des démonstrations contre-révolutionnaires, qui provoquent les huées des soldats citoyens: au cri de *vive le roi*, ceux-ci répondent *vive la nation*; ils sortent en grand nombre et vont se joindre à l'insurrection; le roi remonte dans ses appartements très-décontenancé. Bientôt arrivent les premières colonnes populaires, les plus impétueuses, armées de piques, de broches et de toutes sortes d'outils de fer. Les gros bataillons sont mieux organisés; ils ont des fusils, mais peu de munitions, tandis que chaque Suisse est porteur de quarante cartouches. A l'approche du peuple, la plupart des gardes nationaux restés aux Tuileries déclarent qu'ils ne tireront pas sur leurs frères; les canonniers jettent poudre et boulets sur le pavé.

Vers huit heures du matin, tout le monde était debout. L'insurrection n'avait pas pour seuls éléments, comme on l'a dit, la population des faubourgs : elle avait gagné Paris entier; tous les quartiers et toutes les classes y figuraient. Mais ses éléments les plus redoutables étaient les cinq cents Marseillais, les trois cents Bretons, des fédérés parisiens et un certain nombre d'anciens gardes françaises.

Le Conseil du département, accompagné de son procureur syndic (Rœderer), vient exposer au roi l'imminence du danger auquel l'exposerait un assaut, et l'engage à mettre sa personne en sûreté auprès de l'Assemblée nationale. Refus de la reine avec un geste indigné. Le roi hésite aussi ; mais le bruit redouble, la foule s'accroît : il se décide et part, laissant ses défenseurs irrités d'un tel abandon. La famille royale traverse à pied le jardin et la terrasse des Feuillants, et pénètre dans la salle de l'Assemblée, qui l'accueille en silence. Le roi, cependant, trouve une noble parole : « Je suis venu ici, dit-il, pour éviter un grand crime. Je me croirai toujours en sûreté au milieu des représentants de la nation. » — « Sire, répond le président (c'était Vergniaud), vous pouvez compter sur la fermeté de l'Assemblée. Ses membres ont juré de mourir en soutenant le droit du peuple et des autorités constituées. » On fait entrer Louis XVI et les siens dans une tribune placée derrière le fauteuil du président.

Au départ du roi, bien que les abords des Tuileries fussent bloqués, les hostilités n'avaient pas commencé. Il était déjà loin, lorsque trois ou quatre cents hommes sans armes à feu pénétrèrent dans le vestibule du château. Les Suisses, rangés par étages sur les marches du grand escalier, tirent sur cette masse compacte et l'écrasent.

Mais les vengeurs accourent, les fédérés et les faubourgs, une forêt de baïonnettes. Les cours sont envahies, le palais est près de l'être; les Suisses mettent leur honneur à ne cesser le feu que sur un ordre du roi; et cet ordre n'arrive qu'après deux heures d'une fusillade entendue de l'Assemblée. Ils se retirent alors par le jardin, en faisant face plusieurs fois à ceux qui les poursuivent. Ils se débandent seulement à la hauteur du grand bassin; les uns sont tués en se défendant, d'autres sauvés par une hospitalité courageuse; ceux qui se réfugient dans l'enceinte de l'Assemblée y trouvent un asile assuré. Les dames de la reine, prisonnières, menacées d'abord, sont épargnées et protégées.

Le roi vient d'assister, de sa loge, à l'agonie de la royauté. On a beau *suspendre* seulement le pouvoir exécutif et s'occuper de l'éducation du Dauphin, comme pour écarter la pensée d'un détrônement définitif, personne ne se trompe sur la véritable portée de l'acte accompli : la monarchie est mortellement frappée par un coup, qui d'abord ne lui était pas adressé.

Voilà ce que dit un acteur du 10 août : « Cette bataille, la plus meurtrière de toutes celles de la Révolution livrées sur la place publique, ne fut pas une agression dirigée contre la couronne, contre la monarchie constitutionnelle, contre le roi Louis XVI lui-même; ce fut un effort suprême de la population parisienne et des fédérés, de la bourgeoisie et du peuple, pour sauver le pays et la Révolution d'une oligarchie qui pactisait avec l'étranger, et qui allait nous faire éprouver le sort de la Pologne. » (Moreau de Jonnès,)

Le même écrivain raconte que, pendant la fusillade, un garde national, riche boulanger, tout en jouant sa partie à ses côtés, lui disait : « C'est un grand péché que de tuer ainsi des chrétiens ; mais ceux-là, du moins, n'ouvriront pas la porte aux Autrichiens. » Ce mot jette d'avance une lumière sur les sombres journées de septembre, dont nous serons obligé de parler tout à l'heure.

Le roi et sa famille ne quittèrent l'Assemblée que pour habiter une prison. Ce fut d'abord l'hôtel du ministre de la justice qu'on leur assigna comme résidence, avec 500,000 livres pour entretien ; puis, par des raisons de sûreté, le donjon du Temple, reste de l'ancienne demeure des Templiers, rasé depuis cette époque.

On décida, dans la même séance, que les décrets auxquels le roi avait refusé sa sanction auraient néanmoins force de loi ; que des commissaires seraient envoyés aux armées pour faire connaître aux défenseurs de la patrie les changements survenus dans l'ordre politique, et recevoir leur nouveau serment, et qu'un ministère serait choisi par l'Assemblée elle-même, hors de son sein. Roland, Servan, Clavière reparurent; Danton s'imposa comme un tribun que le peuple voulait voir dans le gouvernement ; il reçut le ministère de la justice. « J'entre au pouvoir par la brèche des Tuileries, » dit-il.

Les commissaires désignés pour se rendre auprès de l'armée du Rhin, Carnot, Prieur (de la Côte-d'Or) et Coustard, réussirent dans leur mission : les généraux Biron et Custines reconnurent le pouvoir de l'Assemblée. Lafayette, au contraire, fit arrêter Kersaint, Antonelle et Péraldy, envoyés auprès de lui, et protesta contre la révolution du 10 août. Il tenta d'organiser contre elle une résistance, en s'appuyant sur les autorités municipales et départementales du pays qu'il occupait. Mais au lieu du cri de vive Lafayette, auquel il était accoutumé, ses soldats l'accueillirent par celui de vive l'Assemblée nationale. Décrété d'accusation, il passa la frontière, non pour se joindre aux émigrés, mais pour gagner la Hollande, et de là les Etats-Unis. Les Autrichiens, comme pour mettre sa renommée de patriote à l'abri de soupçon, s'emparèrent de lui et le traînèrent de cachots en cachots jusqu'à l'époque où la République française, devenue assez calme pour rendre justice, réclama en lui une des premières gloires de la liberté.

L'Assemblée législative ne s'était pas cru le droit de statuer définitivement sur la monarchie et sur le sort du monarque : le même décret qui suspendait l'autorité dans les mains de Louis XVI invitait le peuple à déléguer tous ses pouvoirs à une Convention nationale. La future Assemblée, composée de 750 représentants, devait être, comme la précédente, le produit d'une élection à deux degrés ; mais afin de rendre le suffrage universel, on abolit la distinction de citoyen actif et non actif, qui avait soulevé tant de réclamations : tout Français put voter à vingt et un ans, être élu à vingt-cinq. Les assemblées primaires furent convoquées le 26 août pour choisir les électeurs, et ceux-ci le 2 septembre pour nommer les députés.

A dater du 10 août, le mouvement révolutionnaire domine, entraîne, efface tout. Un des derniers actes de la Législative doit pourtant être mentionné : c'est celui qui conféra les droits de citoyens français à d'illustres étrangers, comme une récompense des services rendus par eux à la cause de la liberté universelle. Sur cette liste d'honneur brillent les noms de Washington et Kosziusko, les héros de l'indépendance en Amérique et en Pologne; ceux de Wilberforce et Clarckson, apôtres philanthropes de l'abolition de l'esclavage; ceux de Klopstock et Schiller, les poëtes nationaux de l'Allemagne; ceux du savant Priestley, du publiciste Thomas Payne, du jurisconsulte Bentham, d'Anacharsis Clootz, l'orateur du genre humain, de Campe et Pestalozzi, les instituteurs de la jeunesse. Ce décret, rendu le 26 août, au moment même où les armées de la coalition envahissaient nos frontières, montre que notre seconde Assemblée nationale n'avait pas compris moins bien que la première le grand caractère de la Révolution française. Et les électeurs de Paris, répondant à sa pensée, nommèrent aussitôt membres de la Convention plusieurs de leurs nouveaux et illustres concitoyens. Robespierre fut assez mal inspiré pour combattre la candidature de Priestley et pour lui préférer celle de Marat.

Le 30 août, sur la proposition d'Aubert Dubayet, l'Assemblée législative reconnut le principe du divorce, et sur celle de Grangeneuve, elle chargea un comité d'étudier la question de l'adoption.

A part ces quelques décisions, qui rappellent, par leur caractère, les beaux temps de la Constituante, les jours qui s'écoulèrent entre le 10 août et la clôture de l'Assemblée furent remplis par des luttes incessantes contre l'envahissement de la commune insurrectionnelle dans le domaine du gouvernement. La commune s'efforçait de conserver le pouvoir qu'elle avait exercé pendant l'action. Son rôle n'était pas, elle le sentait bien, d'administrer la cité, mais d'y entretenir le brasier révolutionnaire : elle siégeait en armes, en permanence et en public; le président, quelquefois, consultait les tribunes et les faisait voter; une menace de soulèvement dans Paris appuyait chaque exigence de l'Hôtel-de-Ville ; l'Hôtel-de-Ville prétendait étendre son autorité sur les départements, et dans l'Hôtel-de-Ville même chacun affectait de se conduire en dictateur. C'était un modèle de tyrannie anarchique.

L'Assemblée législative tenta vainement de former un nouveau Directoire pour le département, puis de modifier le personnel de la municipalité par une élection régulière. Soumise tour à tour à des influences diverses, il lui fallut revenir sur ses propres décisions. Cependant, elle résista au projet d'instituer une Cour martiale, exceptionnelle, pour juger les crimes du 10 août ; elle résista aussi lorsque Robespierre, à la tête d'une députation de la commune, vint réclamer contre les lenteurs du double degré de juridiction établi par la loi. Enfin, après avoir repoussé la création d'une haute Cour choisie par les sections de Paris et par les fédérés, elle enleva au Tribunal criminel, que les révolutionnaires tenaient en suspicion, la connaissance des faits du 10 août, et décida que d'autres juges seraient nommés, selon le mode électif à deux degrés prescrit par la Constitution. Cela se passait le 17, et le nouveau Tribunal entra immédiatement en fonctions. Ce n'est pas encore le fameux Tribunal révolutionnaire ; c'en est un avant-goût : il prononça de nombreuses condamnations.

Mais cette situation pénible devait se terminer autrement que par l'action de la justice.

CHAPITRE V.

INVASION DES ÉTRANGERS. — MASSACRES DE SEPTEMBRE. — VICTOIRE DE VALMY. — FIN DE L'ASSEMBLÉE LÉGISLATIVE.

Le 26 août 1792, à l'ouverture de la séance du soir, le ministre de la guerre communiqua une lettre du maréchal Luckner, qui annonçait la capitulation de Longwy : la garnison, encore en état de se défendre, avait cédé aux sollicitations d'une bourgeoisie effarée. Cette nouvelle fut accueillie avec indignation; l'Assemblée décréta que les habitants de la ville seraient privés pendant dix ans des droits de citoyens français, et que leurs maisons seraient détruites aussitôt que la nation en aurait chassé l'ennemi. Elle décréta la peine de mort contre quiconque, dans une place assiégée, parlerait de se rendre. On vota une levée de trente mille hommes dans Paris et les départements voisins, et l'on fit distribuer aux frontières les fusils de l'intérieur. Une émulation de patriotisme s'empara de tout le monde: la garde nationale parisienne offrit vingt-quatre pièces de canon et des artilleurs pour les servir; chaque section se mit en quête des hommes en état de marcher et les pressa de s'engager, fournissant au besoin leur équipement. La moyenne des départs, en septembre, fut de dix-huit cents volontaires par jour. Les femmes se réunissaient dans les églises pour y travailler aux effets de campement.

Les offrandes affluaient : tel amenait son cheval ou sa voiture, tel autre donnait des vêtements ; un soldat venait déposer une partie de sa paye, un écolier le montant de ses prix ; des bijoux de femmes, apportés en abondance, dénotaient par leur simplicité une origine démocratique. Le président Vergniaud proposa que l'Assemblée nationale, « dans ce moment plutôt un grand comité militaire qu'un Corps législatif, » envoyât des commissaires au camp, non pour exhorter les citoyens à travailler, mais pour donner l'exemple en piochant eux-mêmes.

Les sections et la commune renchérirent encore sur ces résolutions : elles doublèrent le contingent de Paris, et le portèrent à soixante mille hommes ; elles ordonnèrent de convertir le fer des grilles en piques, le bronze des statues en canons, et jusqu'au plomb des cercueils en balles.

Mais, au milieu de ces généreux élancements, vient s'enregistrer l'acte le plus détestable ; un acte, dont les ennemis de la Révolution ont cent fois évoqué le souvenir pour calomnier ses principes : le massacre des prisonniers au 2 septembre.

Quiconque a tant soit peu étudié la nature humaine et l'histoire s'explique sans peine les fureurs du peuple en ce fatal moment. Les revers de la France, que l'on attribuait à des trahisons, la joie du parti royaliste à l'annonce de ces malheurs, et l'imminence des dangers publics, avaient jeté les âmes dans un accès de fièvre. Il existe, d'ailleurs, dans les recoins de la société la plus saine et la mieux organisée, certains groupes qui demeurent étrangers au progrès, qui conservent les mœurs de l'état barbare, et qui n'apparaissent que pour assouvir leurs mauvais instincts à la faveur du désordre.

D'immenses responsabilités pèsent néanmoins sur la tête de quelques hommes : les discours, le journal, les placards de Marat ne cessaient de provoquer aux meurtres. Les fougueuses excitations de Danton avant le massacre, son inaction volontaire pendant qu'il s'exécutait, prouvent qu'au moins il ne désapprouvait pas les égorgeurs. Quant à Robespierre, s'il n'avait pris aucune part au combat incertain du 10 août, il reparut aussitôt après pour solliciter des rigueurs contre les vaincus. Il attaqua les Girondins, l'Assemblée, les ministres, et proposa à la commune de *remettre au peuple le pouvoir*. C'est le premier septembre qu'il tenait ce langage : le sang coula le lendemain.

Une fête en l'honneur des morts du 10 août avait été célébrée le 27, fête lugubre, propre à inspirer des sentiments de haine et de vengeance. La commune y présidait.

Le 28, Danton vint à la barre de l'Assemblée, comme ministre de la justice, demander l'autorisation de faire faire des visites domiciliaires pour arrêter les gens suspects, s'emparer de leurs armes et relever le nombre des chevaux et des chariots qui pourraient servir à la guerre : « Tout appartient à la patrie, dit-il, quand la patrie est en danger. »

Ces mesures, justifiées peut-être par une situation qui semblait désespérée, furent mises à exécution dans la nuit du 29 au 30. Elles eurent des conséquences funestes.

A l'heure du sommeil, les rues, tout à coup, sont cernées et les maisons envahies *au nom de la loi*. La ville entière est frappée de stupeur. Des hommes armés protégent les perquisitions, souvent suivies d'arrestations ; nul moyen de s'y soustraire : les barrières sont fermées, la Seine même est gardée. Bientôt, près de trois mille prisonniers encombrent les lieux de détention, comme si l'on eût voulu y faire un approvisionnement de victimes. C'est un pêle-mêle : des émigrés rentrés pour servir la contre-révolution, des prêtres réfractaires, des hommes que leur position, leurs rapports de famille et d'amitié, quelques imprudences peut-être, ont désignés aux soupçons. Beaucoup, il est vrai, furent mis en liberté le lendemain. Mais il n'en resta que trop.

Soudain, le bruit se répand que ces malheureux profitent de leur réunion pour conspirer; qu'aussitôt après le départ des volontaires, les cachots s'ouvriront ; que Paris, ce foyer de la Révolution, sera livré à l'ennemi : on assure avoir entendu les prisonniers du Châtelet crier : « *Vive les Autrichiens ! vive Condé ! à bas la nation !* » Les nouvelles des frontières deviennent d'ailleurs à chaque instant plus désolantes : Thionville et Verdun sont assiégés; Verdun même, dit-on, est déjà au pouvoir des coalisés ; ceux-ci touchent à Châlons, s'avancent à marches forcées vers Paris ; des députations de royalistes, le drapeau blanc déployé, sont allées au-devant des Prussiens. Ces rumeurs exaltent les imaginations : elles enfantent des soldats, elles suscitent aussi des meurtriers.

« Citoyens, crie la commune dans une adresse proclamée à son de trompe, l'ennemi est aux portes de Paris; qu'aujourd'hui même, à l'instant, tous les amis de la liberté se rangent sous les drapeaux ; allons nous réunir au Champ de Mars ; qu'une armée de soixante mille hommes se forme sans délai et marchons aussitôt à l'ennemi, ou pour succomber sous ses coups, ou pour l'exterminer sous les nôtres. »

Le corps municipal annonce à l'Assemblée que, par ses ordres, le tocsin va sonner, et que le canon d'alarme sera tiré pour inviter les citoyens à la réunion du Champ de Mars.

Danton ajoute : « Le tocsin que vous allez entendre n'est point un signal d'alarme ; c'est la charge sur les ennemis de la patrie. Pour les vaincre, Messieurs, il nous faut de l'audace, encore de l'audace, toujours de l'audace. »

Mais quels ennemis entend désigner Danton? Il l'a dit : « Il faut faire peur aux royalistes ! »

On tua dans les prisons : pendant deux jours à l'Abbaye, pendant quatre jours à Bicêtre.

« Qu'il ne reste pas derrière nous, à Paris, un seul de nos ennemis vivants pour se réjouir de nos revers et frapper en notre absence nos femmes et nos enfants ! » Cet appel sanglant avait retenti.

Les armes destinées à combattre l'étranger auraient-elles donc servi d'abord à cette sanguinaire précaution? Peur engendre férocité! mais cette supposition perd toute vraisemblance devant le très-petit nombre des bourreaux. Ceux-ci, au contraire, agissaient-ils par ordre, ministres d'un calcul imaginé pour sauver la révolution par la terreur, imaginé peut-être aussi pour la perdre par ses excès? Il y a des hommes qui se croient de grands politiques, parce qu'ils savent violer les lois de la justice et de l'humanité. Quel que soit le motif du forfait, qu'il soit voué à l'exécration publique !

Les assassins n'étaient pas quinze à l'Abbaye, dit madame Roland, qui eut l'occasion de se renseigner pendant qu'elle attendait la mort dans cette même prison. On ne peut guère évaluer à plus de deux cents en totalité ceux qui prirent part à ces affreuses expéditions. Ils se multiplièrent en se transportant d'un lieu à l'autre, et gagnèrent bien leur détestable salaire, les malheureux, car on estime à onze cents le chiffre des victimes. Un tiers à peine étaient des détenus politiques, beaucoup de voleurs au Châtelet, soixante forçats aux Bernardins, des malades et des pauvres à Bicêtre et à la Salpêtrière. Rien de honteux comme l'aveuglement de ces tueurs, si ce n'est peut-être la stupidité de quelques spectateurs ahuris qui les contemplaient à l'ouvrage.

Comme par dérision, mais plutôt encore par un besoin de rendre hommage à l'ordre, même dans la perpétration du crime, on avait entouré la sanglante besogne d'un simulacre de justice. Les égorgeurs avaient improvisé au greffe de l'Abbaye un tribunal. Les registres d'écrou étaient consultés; on interrogeait sommairement les détenus; et ces *juges du peuple*, comme ils s'intitulaient, prononçaient des condamnations et des acquittements. Oui, des acquittements : il y en eut plus de quatre-vingts aux prisons du Châtelet et de l'Abbaye; il y en eut même au profit de certains hommes qui s'avouaient hautement royalistes. Et lorsqu'un accusé était proclamé non coupable, les bourreaux témoignaient leur joie et le conduisaient en triomphe loin du champ de carnage.

Parmi ces singuliers magistrats figurait comme président l'huissier Maillard, un héros du siége de la Bastille, celui qui avait conduit les femmes à Versailles, le 5 octobre 1789; il y avait aussi le journaliste Hébert, le fameux *père Duchêne*, qui plus tard donna son nom à une secte politique ; —parmi leurs victimes, la princesse de Lamballe, parente et confidente de la reine, égorgée à la Force et mutilée de la manière la plus horrible;—parmi les acquittés, l'abbé Sicard, instituteur des sourds-muets, et Journiac de Saint-Méard, rédacteur des *Actes des Apôtres*, feuille dévote et monarchique.

Une réaction des sentiments d'humanité suivit de près ces abominables scènes : la France protesta contre une souillure de sa noble Révolution. L'armée protesta en repoussant, en sabrant même un des assassins qui avait osé prendre place dans ses rangs ; et plusieurs des hommes que l'histoire accuse d'avoir provoqué le crime en témoignèrent leur douleur.

La victoire remportée par le peuple au 10 août ne demandait pas cet odieux complément : elle avait atteint son but en décourageant les ennemis de la Révolution, en relevant l'esprit national et en supprimant toute action de Louis XVI dans les affaires publiques.

Elle avait aussi renouvelé plusieurs chefs militaires devenus suspects à leurs soldats : Luckner fut remplacé par Kellermann, Lafayette par Dumouriez. Celui-ci n'était aimé, ni même estimé d'aucun parti; et cependant tout le monde le désigna, comme si l'on eût deviné en lui l'homme de la situation : à un âge avancé déjà, il possédait les vives qualités de la jeunesse, jointes à l'expérience de la guerre; et le choix dont on l'honora semble l'avoir élevé à ses propres yeux, assez pour le faire sortir de sa sphère habituelle d'intrigues. Accueilli d'abord avec froideur par une armée que l'abandon de son chef laissait frappée de stupeur, il sut bientôt la séduire par sa pétulance spirituelle, et lui inspirer confiance dans ses talents. Kellermann aussi justifia la flatteuse promotion dont il était l'objet, par un fait militaire unique dans sa vie.

Il y avait eu beaucoup de temps perdu de notre côté; heureusement les coalisés n'en perdirent pas moins. Les émigrés leur avaient promis un triomphe presque sans combat : la trahison des uns, le mécontentement des autres devaient leur ouvrir les portes de la France. « Ce n'est qu'une promenade militaire, » avait-on dit. Et ils s'étaient mis en route d'un pas de promenade, persuadés que les populations allaient apporter les clefs des villes à l'armée libératrice, et semer des fleurs sur son passage. Le vieux généralissime Brunswick ne paraît pas avoir partagé cette extrême sécurité. Il procédait avec prudence, et calmait de son mieux les sanguines impatiences du roi Guillaume. Partis de Coblentz le 31 juillet, les Prussiens arrivèrent devant Longwy le 19 août, moins de 40 lieues en vingt jours; et Longwy capitula après un bombardement insignifiant. Ils se dirigèrent alors sur Verdun avec la même lenteur, et investirent cette place le 31 août. Ici, comme à Longwy, frayeur des habitants et faiblesse du conseil de défense Le courageux Beaurepaire, chef du bataillon des volontaires de Maine-et-Loire, voyant ce conseil, dont l'autorité dépassait la sienne, résolu à rendre la place, se brûla la cervelle. L'Assemblée nationale décida que son corps serait déposé au Panthéon, parmi ceux des grands hommes.

Partout où les coalisés triomphaient, ils désarmaient les milices civiques, chassaient les prêtres constitutionnels, les remplaçaient par des réfractaires qui suivaient en foule leur armée, et réintégraient les moines dans les biens dont la Révolution les avait dépossédés. A peine entrés à Verdun, ils rétablirent sur son siége l'ancien évêque insermenté.

La France ne pouvait plus avoir de doute sur ce qu'on lui apportait : un retour complet à l'ancien régime ou le démembrement.

Pour déboucher dans les plaines de la Champagne et marcher sur Paris, les Prussiens devaient traverser la forêt de l'Argonne, contrée accidentée, coupée de bois et de montagnes, de cours d'eau et de marais, treize lieues d'étendue. Cinq défilés la traversent. « Voilà les Thermopyles ; si j'y arrive avant les Prussiens, tout est sauvé, s'écria Dumouriez ; » et, dans un accès d'humeur gasconne, il écrivit à l'Assemblée : « Je serai plus heureux que Léonidas. »

Par une feinte adroite et audacieuse, en effet, il occupa le premier les passages de l'Argonne; mais ses forces étant peu considérables, 25,000 hommes à peine contre 70,000, il avait cru pouvoir négliger un de ces passage, la Croix-au-Bois. Le général autrichien Clairfayt vint s'en emparer ; s'il eût déployé un peu d'activité, Dumouriez, bloqué entre deux rivières, séparé de ses approvisionnements, était réduit à mettre bas les armes. Mais, aussi prompt qu'ingénieux, celui-ci conjure le danger par le changement de toutes ses dispositions ; et au moment où le duc de Brunswick croit l'avoir enfermé dans l'Argonne, les Français font volte-face, et c'est lui-même qui se trouve entre Paris et une armée devenue menaçante ; car Dumouriez avait plus que doublé la sienne en appelant tous les corps disponibles aux environs, et particulièrement celui de Kellermann, composé de 20,000 hommes.

Paris avait tremblé un instant en voyant les ennemis plus près de lui que ses défenseurs.

Le roi de Prusse, reconnaissant l'embarras de sa position, résolut d'en sortir par une attaque. Il eut de la peine à y décider le duc de Brunswick, et trois jours se passèrent en hésitations. Enfin, les deux armées, postées vis-à-vis l'une de l'autre, sur des hauteurs hérissées de canons, immobiles à leurs rangs, échangèrent vingt mille boulets, qui tuèrent environ neuf cents hommes de chaque côté; mais les Prussiens durent cesser le feu les premiers : nos conscrits, ouvriers, bourgeois et paysans, sortis tout frais de la boutique, de l'atelier ou de la métairie, soutinrent cette épreuve difficile de manière à étonner les soldats les plus expérimentés de l'Europe. La canonnade de Valmy prit son nom d'un moulin élevé, près duquel s'était placé un peu témérairement Kellermann pour foudroyer ses adversaires.

Cette première victoire sur la coalition eut un effet moral immense; l'œil prophétique du grand poëte allemand Gœthe, en entrevit toute la portée : « Aujourd'hui, s'écria-t-il, s'ouvre une nouvelle époque de l'histoire du monde. »

Dumouriez aurait pu profiter de son succès ; il aima mieux laisser l'armée de Brunswick en retraite, aux prises avec la dyssenterie et le défaut de vivres, dans les chemins boueux de la Champagne. Et en effet, quand cette armée atteignit la frontière du Luxembourg, le 23 octobre, et qu'elle se compta, elle avait diminué d'un tiers, bien que deux mille hommes au plus fussent tombés sous les coups de l'ennemi. Le Gouvernement de Paris ne voulait pas, d'ailleurs, pousser les choses au pire avec les Prussiens, afin de les détacher de la coalition, pour laquelle ils avaient pris parti sans pensée chevaleresque, et tout simplement par des motifs intéressés. Ceux-ci s'empressèrent de restituer Longwy et Verdun, et de traiter pour l'entière évacuation du territoire français. Ils avaient occupé nos provinces pendant deux mois et cinq jours.

Changement de scène. La France, au lieu d'être envahie, prend partout l'offensive : une poignée de conscrits et de gardes nationaux pénètrent en Piémont; le général Anselme, avec quatorze dragons, s'empare de Villefranche, forteresse et port de mer; le comté de Nice devient un département français ; les habitants de Chambéry accourent au-devant du général Montesquiou qui s'est présenté seul, et la Savoie demande spontanément sa réunion à la France. Mayence ouvre ses portes à Custine, qui est reçu comme un libérateur. Dumouriez, débarrassé des Prussiens, va chercher au nord les Autrichiens qui ont bombardé Lille en barbares, mais sans succès. La victoire de Jemmapes met le comble à sa renommée militaire, et il fait en quelques jours la conquête de la Belgique. Partout la France est triomphante.

La France vient de donner un grand exemple : par la voix de sa Convention nationale, elle a proclamé la République; elle a déclaré que tout peuple qui voudrait être libre trouverait en elle appui et fraternité.

L'esprit révolutionnaire a présidé aux élections : presque tous les membres des deux précédentes Assemblées qui ont prouvé leur attachement aux opinions démocratiques font partie de la Convention. On leur a donné pour collègues beaucoup d'hommes nouveaux : les ouvriers de la première heure ne suffiraient pas à une tâche nouvelle.

La Révolution est désormais accomplie dans

les principes ; ils sont formulés en lois. Si ces lois régissent le peuple français assez longtemps pour achever son éducation politique, l'avenir de la démocratie est assuré dans l'Europe entière. Mais les vieilles monarchies de l'Europe jugent maintenant toute la grandeur du péril qui les menace. Les Prussiens, chargés de châtier la France comme un enfant rebelle, ont trouvé un Hercule au berceau : tous les bras ennemis vont s'unir pour l'étouffer. Et pendant qu'elle défendra contre les peuples étrangers une conquête dont ils doivent un jour profiter comme elle, des fils ingrats s'efforceront de paralyser ses membres, et de déchirer ses entrailles. Elle sévira contre eux, elle se montrera terrible dans sa juste colère, parfois aveugle, et l'excès de ses rigueurs détachera d'elle beaucoup d'anciens amis.

Les uns n'avaient rêvé qu'une réforme, et, se trouvant en présence d'une révolution, reculent devant ses nécessités ; d'autres se fatiguent et se découragent ; plusieurs s'irritent, prennent en haine la cause qu'ils ont sincèrement servie et cherchent à lui faire obstacle.

Est-ce à dire que nous soyons quittes de toute reconnaissance envers eux ? que nous ne leur tiendrons pas compte des services passés ? Il y a des hommes pour chaque journée.

Tout en conservant nos plus vives sympathies politiques pour ceux dont le dévouement ne faillira point à la Révolution dans ses phases douloureuses, nous n'effacerons pas de son livre d'or ceux qui ont cru devoir s'en séparer plus tôt.

Que les uns n'aient pas élevé leurs désirs au delà d'une monarchie constitutionnelle et se soient contentés pour la France des libertés dont jouit l'Angleterre ; que celui-ci ait été troublé par les émotions populaires du siége de la Bastille ou de la visite des Parisiens à Versailles, cet autre, par la capture de Varennes, celui-là par le 20 juin ou le 10 août, beaucoup épouvantés, on le serait à moins, par le sang du 2 septembre : je n'en sais pas moins gré à Mounier d'avoir été le secrétaire des états provinciaux du Dauphiné, d'avoir proposé le serment du Jeu-de-Paume et rédigé l'un des premiers projets de Constitution; je n'en sais pas moins gré à Barnave et à Duport des services que leurs talents ont rendus à notre cause; je ne puis oublier les efforts de ce dernier pour l'abolition de la peine capitale, ni ceux de Malouet pour établir des institutions charitables qui ont servi de base à notre assistance sociale. Je n'en remercie pas moins Lafayette, qui nous a rapporté de la patrie de Washington et de Franklin la déclaration des droits, qui a organisé notre première garde civique, et qui fut toute sa vie un apôtre de la liberté.

Chacun d'eux a mérité sa part de la reconnaissance nationale.

Honneur à ceux qui vont marcher, mais honneur à ceux qui leur ont frayé la route !

TABLE DES MATIÈRES

DU PREMIER VOLUME

ASSEMBLÉE CONSTITUANTE

CHAPITRE PREMIER

LA FRANCE AVANT 1789 ET LES PROPHÉTIES DE LA RÉVOLUTION

CHAPITRE DEUXIÈME

LE PROGRÈS PAR LE DESPOTISME ET LE PROGRÈS PAR LA LIBERTÉ

CHAPITRE TROISIÈME

LES PRINCIPES DE 1789 ÉCRITS DANS LES CAHIERS DES ÉTATS

CHAPITRE QUATRIÈME

LES ÉTATS GÉNÉRAUX ET L'ASSEMBLÉE CONSTITUANTE

CHAPITRE CINQUIÈME

DE LA PRISE DE LA BASTILLE A LA FÉDÉRATION

CHAPITRE SIXIÈME

DE LA FÉDÉRATION A LA FIN DE L'ASSEMBLÉE CONSTITUANTE

CHAPITRE SEPTIÈME

LES ŒUVRES ET LES HOMMES DE L'ASSEMBLÉE CONSTITUANTE

ASSEMBLÉE LÉGISLATIVE

CHAPITRE PREMIER

PHYSIONOMIE DE L'ASSEMBLÉE. — SES PREMIERS DÉMÊLÉS AVEC LA COUR

CHAPITRE DEUXIÈME

LA QUESTION DE LA GUERRE. — DÉBUT DES HOSTILITÉS

Paris. — Imprimerie de DUBUISSON et Cie, rue Coq-Héron.